人文社會科學叢書

社會學是什麼

What Is Sociology

葉至誠◎著

序 言

　　人類為維繫生存，必須保護自身安全與滿足基本上的需要，隨著個人慾望的增進，人們經由結合群體的力量，以獲得必要的滿足，因此在共同的社會生活中，創造了家庭，形成了村落，制定了鄉黨鄰里等社會機制；同時因襲成俗而有了習慣、傳統、科學、宗教、藝術等社會制度，社會因而形成。然而，一個社會的維繫或是持續的發展，除了經濟、技術、資源等物質條件之外，尚須重視社會、心理等精神層面，瞭解自己所處的位置，所應扮演的角色，同時也瞭解別人所處的立場，所要承擔的職責，如此除了可以圓融彼此的人際互動，並且提高個人對於環境的適應能力，增進社會的和諧發展。

　　社會學（sociology）是一門對人類社會進行總體性探討的社會科學。具體說，是把社會作為一個整體，來研究社會各個組成部分及其相互關係，探討社會的結構、功能、發生、發展及其規律的一門綜合性的科學知識。由於社會現象紛繁複雜，對於社會整體的研究往往受到一定歷史條件的限制，因此，各國社會學的研究存在很大差異，形成了許多不同的學派。社會學於 1839 年誕生於歐洲。儘管它是一門誕生未及兩個世紀的年輕學科，但其發展卻是相當迅速的。在當今世界上，許多國家，都在社會學研究上投入相當的人力、物力和財力。以具體體現在：一、進行社會發展探討，為政府決策提供科學的基

礎；二、參與社會現代化的規畫、實施和檢驗工作；三、提供社會工作和行政運作、企業管理所需的知識；四、引導人們在日常生活中進行學理思索以提出貢獻；五、普及社會學知識，使人們更加自覺地參與社會生活。在面對一個變動不居的社會生活，導以理性探索，使人們得以解除蒙昧，以知其然並知其所以然的啓迪，爲人類指出一條發展門徑，顯然這是社會學努力的目標之一。正如同西方哲學大師黑格爾（Hegel）的名言：「理性就是根據現實來思考。」闡明理想並非空洞冥思，也不是全然遙不可及的桃花源，只要運用理性，認清現實背後的客觀發展邏輯，掌握環境與個人之間運作的法則，則將可對人類的未來寄予樂觀的期待。哈佛大學教授梭羅（L. Thurow）也強調，在競爭激烈的當今世界，新知識的創造與運用比傳統的因素更加重要。這都陳明社會學在今日社會將扮演啓迪人們對於社群產生「理性觀察」、「客觀描述」、「合理解釋」、「正確預測」、「有效控制」的能力。

　　社會科學所研究的對象，無論是宗教、文化、政治、經濟、法律等，最底層均爲社會學；而研究此共同生活的領域，正是社會學的主要內涵。學習社會學的知識絕非僅止於熟悉社會運作的法則，而是期盼經由對該知識的理解，爲共同建構一個理想的社會而善盡社會成員一己的本分。展望二十一世紀，經濟發展「全球化」的風潮、生活世界「資訊化」的波濤，以及競賽勝負取決於智能高低的新規則，勢將激盪出新的變動與挑戰。新時代開啓了人類文明無限拓展的新疆域，國家社會向上發展的空間急遽增大，個人自我實現的機會因此極大擴展。

「全球化」與「資訊化」時代的到來，為人類打開了前所未有的新視野，若能務實奮進，將可實現夢想，而社會學這門知識將足以增拓人們的視野，擴充人們的自信，提升人們對應挑戰的能力。人類豐富的歷史經驗已經明白顯示，只有對人類理性有高度的自信與堅持，才能對客觀現實有全盤而精準的認識。

爰以對社會學的這份認知與期許，本書於撰述時，即是期盼能以清晰簡要的筆調，以概括性、通論性及整體性的方式，說明社會學知識的主要內涵，期望提供閱讀者：能運用社會學的知識，檢視我們生活的周遭世界，達到「學與思」的緊密結合，不僅能夠理性客觀體察社群，並且進而共為理想社會身體力行。倘使人人如此，在理性的剖析及積極的參與之下，自然能夠改善人類的生活，增進人群的幸福。

筆者於大學校院任教社會學課程已近二十載，常期能將此專業知識擴及教室之外的社會大眾，以能對社會教育略盡棉薄的貢獻。這份野人獻曝的素志幸賴有揚智文化林新倫先生的玉成，方能完成這本著作。唯知識分子常以「金石之業」、「擲地有聲」，以形容對論著的期許，本書距離該目標不知凡幾。唯因忝列杏壇，雖自忖所學有限，腹笥甚儉，然常以先進師長之著作等身，為效尤的典範，乃不辭揣陋，敝帚呈現，誤舛之處尚祈請教育先進及諸讀者不吝賜正。

葉 至 誠 謹序

2005 年 1 月 1 日

目錄

社會學的意義與性質

社會是一個體系，一個由相互關連的各個部分構成的緊密整體；這個體系只能從其結構運轉的意義上去理解。

赫伯特・史賓塞（Herbert Spencer）

　　舉世公認二十一世紀的趨勢將是建構於資訊科技的知識社會。面對資訊的無遠弗屆及快速傳輸能力，一位現代人在掌握資訊工具時，數十分鐘即可處理數十億「位元」的資料；同時一個人可在數小時內生產出千萬個訊息，使人充分領悟到科技萬能，沉醉在科技烏托邦的世界中。資訊科技雖然讓人們得以連結了世界，填補了我們漫遊全球，甚至太空的幻想，卻也容易使我們忽略了周遭有血、有淚、有汗的社會。哲學大師伽達瑪（Gadamer）認為，科技的進步使得人類傳統的價值越來越薄弱，人文社會越來越疏離，人類也因此產生更多的痛苦。到底人類會因為資訊科技而全球化？或也因資訊科技而失去互信、相愛？是一個嚴峻的挑戰。例如，知識經濟本是要以知識取代資本，成為生產最主要元素，但是知識經濟的成敗，似乎仍必須靠股票價格來衡量，這是知識與資本的矛盾。其次，資訊科技應使得政府更透明，企業更競爭；但是聰明的政府與企業，卻以提供接近無限的資料與分析，來模糊焦點，造成所謂的分析癱瘓，這是另一種資訊與知識的矛盾。然而在這千萬個矛盾中，似乎有件事是最明朗的 —— 即人類社會是由演進（evolution） 而成。 在此演進過程中，我們有能力去引導社會的方向。因此在知識社會尚未完成之前，我們都該做件事—— 即思考辯論如何以我們現在所知來建構未來的社會，一個結合人文和科技、而不是科技奴隸人類的社會。

　　值此，被尊稱為「近代科學管理大師」的彼得·杜拉克（Peter Drucker） 強調：「隨著社會領域的擴大，人際互動的增加，政府和市場機能漸感無能為力。在即來的公民社會中，非營利組織將逐漸萌芽，並且和政府與市場形成三足鼎立的態勢。」均明白揭示在社會發展的脈絡中，社會學這門知識將為

人們扮演著「冷靜思索，熱誠參與」的功能。

1.1 社會學主要意涵

社會學形成一門學科已有一個多世紀了。社會學是把社會當作一個整體來研究的綜合性科學。是強調用科學的方法來認識人類社會組織形態、社會結構方式和群體活動規律，並探討社會現象、社會關係、社會生活以及社會問題等。人們學習社會學，不是因爲期盼對個人、家庭、組織、競爭、合作、互動這些名詞比較熟悉，也不是因爲對角色、階層、社會化、社會團體、社會行爲、社會變遷感到好奇，更不是因爲其屬於社會科學之一的桂冠，而是由於社會學幫助我們瞭解社會結構的特點，掌握人們社會行爲的規律，預測社會的變遷和發展。正因爲如此，人們對這門知識投以青睞的目光。

構成社會有四個基本要素：(1)人口。是社會存在和發展的前提，是一切社會活動的主體，沒有一定數量的人口，便沒有社會。爲此，也有認爲社會是由於共同物質條件而互相組合起來的人群。(2)生態。即人類生活的環境中各種有機物以及有機物之間的互相依存、互相作用、協調發展的狀態。破壞了生態平衡，失去了適合於人類生存的自然環境，也就沒有人類社會。(3)文化。文化是實現社會上人與人之間的有機結合，人與自然有機結合的重要因素。(4)意識。社會意識是社會精神生活的底蘊，它總括了人的一切意識要素和觀念形態以及人類社會的全部精神現象及其過程。社會意識分爲社會心理和社會意識形式兩大部分。社會心理是人們對社會存在的直接感受，是人

們在日常生活條件的直接影響下自發地形成的感情、情緒、感受、習慣等等。我們通常所說的風俗習慣、傳統民俗、階層定位、族群意識、社會認同等等都屬於社會心理。這種社會心理是透過世代相傳、潛移默化的方式自發地形成的。社會意識形式包括規範、價值、法律、道德、宗教、輿論、藝術、哲學、科學等形態。社會意識形式不是各自獨立的，而是互相聯繫、互相作用，構成一個完整的意識形態體系。意識離不開社會，二者互相區別，又互相聯繫，互相作用，推動著社會的存在和發展。社會意識的特點有：第一、真實性：社會意識是社會存在的反映，社會意識依賴於社會存在，反映社會存在。第二、獨特性：社會意識的可變性。社會意識對社會存在的反映是一個動態複雜的過程，並且這種反映還遵循著它自身獨特的發展規律。這就是社會意識的相對獨立性。第三、傳承性：每一歷史時期的社會意識及其諸形式，都和它以前的成果有著繼承的關係。一定歷史發展階段上的社會意識，其內容或形式都有兩個來源：內容上，主要是反映現實社會存在的發展水準，同時也保留著歷史存在狀況的某些意識，並且有機地結合起來。正是由於這種歷史的繼承性，社會意識及其諸形式的發展才能持續不斷，才有其可以追溯的歷史線索。第四、反思性：社會意識對社會存續具有潛藏的反作用。先進的社會意識促進和加速社會的發展，落後的社會意識阻礙和拖延社會的發展。

　　社會學既以科學方式解析社會現象，而讀者可能希望暸解究竟社會學是什麼？根據我國社會學家孫本文在《社會學原理》一書中所介紹的九種社會學定義：

　　第一，美國的羅斯（Ross）認為：社會學是用科學的方法研究社會現象的科學。

第二，德國的辛邁爾（G. Simmel）認為：社會學是研究社會形式的科學。

第三，美國的梅約（Mayo）和湯瑪斯（Thomas）認為：社會學是研究社會組織的科學。

第四，美國的沃德（Ward）認為：社會學是研究人類文化的科學。

第五，美國的卡維爾（Karvor）認為：社會學是研究社會導進的科學。

第六，美國的賴特（Wright）和哈特（Hart）認為：社會學是研究社會關係的科學。

第七，美國的史莫爾（Small）認為：社會學是研究社會互動過程的科學。

第八，俄國的索羅金（Pritirim A. Sorokin）認為：社會學是研究社會現象之間關係的科學。

第九，美國的帕克（R. E. Park）認為：社會學是研究社會行為的科學。

出現這種仁智互見的情況，是社會現象複雜紛繁，加上這一學科誕生的歷史才一百多年，尚屬發展階段。儘管如此，綜合上述歸納起來，我們可以說：「社會學是把社會當作一個整體來研究的綜合性科學，是運用科學的方法來認識人類社會組織形態、社會結構方式和群體活動規律，並且探討社會現象、社會關係、社會生活、社會問題、社會變遷等的一門科學。」

1.2 社會學研究對象

　　任何一門學科都有特定的研究對象，社會學的研究對象是探討社會結構和社會過程中的社會關係、社會行為及社會變遷等現象。具體而言為：

一、社會學研究社會結構

　　人類社會是由一定社會要素構成的複雜有機系統。這個複雜系統的發展牽涉到許多關係，既有社會系統與自然環境的關係，也有社會系統與其子系統的關係，還有各子系統之間的關係以及各子系統內部的關係；其各種關係猶如一個大網絡，構成一種特定的社會結構。只有在各種關係相互適應、相互協調的情況下，社會有機系統才可能正常運行。社會結構除包括：個人、家庭、團體、組織、民族、社區等實體結構，亦包括：風俗習慣、道德法律、價值規範、理想信念、行為方式等精神結構。這兩種結構是整合在一起發揮其功能的。

二、社會學研究社會過程

　　與社會結構相關聯的是社會過程，其內涵有社會互動和社會變遷。若社會結構屬於「社會靜態」研究；則社會過程屬於「社會動態」研究。社會互動指的是個人或群體之間互相作用的方式，諸如合作、競爭、衝突、順應、同化等。社會變遷是指

社會現象的變動，包含：前進、後退，既有長久的，也有短暫的。它的範圍包括群體、組織、制度的突變、發展、疏離等於時間上呈現的一切變化情形。

三、社會學研究社會關係

社會關係是在社會生活中形成的，因此，研究社會關係必然要研究社會生活。社會群體與組織是一定社會關係的結構形式；社區是人與人之間關係在空間範圍內的表現。因此，研究社會關係也必然要研究社會群體、組織，以及社區等。

四、社會學研究社會行為

社會現象和社會問題都是由人們的社會行為造成的。因此，研究社會行為必然要研究社會現象和社會問題等。社會學的研究不在於描述這些社會現象和社會問題的表面特徵和發展過程，而在於探求隱藏在其背後人們的社會性行為規律，從而把握處於特定地位的人們，在什麼情況下將採取什麼行為，這種行為對他人會產生什麼影響，會產生什麼社會後果等等。

社會學的研究對象就像社會本身一樣，是不斷變化發展的。從社會學的發展歷史來看，它大致經歷了從百科全書式的綜合社會學到目前多達幾十個分支的社會學領域，根據事物發展的辯證法則，我們可以說，新的分化必將帶來社會學領域持續的擴大和深化。

1.3 社會學知識體系

任何一門學科，都有自己的專門概念、術語及其理論，由此構成獨立而完整的知識體系。社會學家認爲社會學的知識系統應包括三個方面。

第一方面：社會學的基本理論，是關於社會生活各個方面的基本概念，如：社會結構理論、社會系統理論、社會變遷理論、社會衝突理論、社會交換理論、符號互動理論、社會進化理論等等。

第二方面：社會學的關注議題，是運用社會學的觀點和方法研究某一類社會現象和社會問題，目的在於經由具體的研究，以期能夠協調社會生活，促進社會進步。如：政治社會學、法律社會學、教育社會學、家庭社會學、職業社會學、都市社會學、鄉村社會學、青年社會學等等。這些社會學的分支都有其獨具的理論、方法和專門知識，並補充社會學基本理論的不足。

第三方面：社會學的研究方法，任何科學都有自己特殊的研究方法，社會學研究方法在社會科學體系具有重要的啓示。經常被引用的社會學方法有：文獻法、觀察法、個案法、訪談法、問卷法、測量法、實驗法等等。在研究方法中還論及到研究程序和研究技術。

1.4 社會學學科特點

社會學和其他學科相比,有以下四個比較突出的特點。

首先是整體性:社會學的特點在於把社會當作一個變動的整體來進行分析。一個社會是其所屬各個部分的整合體,其構成和變化都有一定的規律。同時社會體系也是一個有機系統,各個單元環環相扣,因此,在研究社會結構的某一部分時,要研究這一部分在整個社會中所處的地位和產生的作用,方足以瞭解社會整體的全貌。

其次是廣泛性:社會學廣泛地研究社會生活中人們相互間的社會關係和社會行為。小至個人所扮演的種種社會角色、兩個人之間的互動方式、家庭關係,大至社會組織、族群關係,以及生活方式、社會制度、都市化、生態環境、社會變遷、偏差行為、社會控制、社會現代化等等,都是社會學研究的範圍。

第三是綜合性:社會學研究在探討社會現象、社會過程或社會問題時,總是掌握多種有關因素加以推敲。所以,在社會學研究中,跨學科領域的科際整合研究是會經常出現的。也就是說,其他社會科學的知識,是把社會分解成各個部分分別加以研究;而社會學則把社會各部分聯繫起來加以綜合討論。

第四是實踐性:從研究程序而言,社會學研究的資料是直接來自於社會生活,無論是理論研究或是社會問題探討,都必須由社會中蒐集第一手資料,從資料的分析中導引出解決之道,提出新的見解,或者驗證其可行性,以克服人們亟待解決

的問題，或是指引社會未來的發展方向。

社會學的分類是根據它的研究範圍來進行的。美國社會學家沃德最早把社會學明確劃分為：理論社會學和應用社會學，並且在 1903 年撰寫了《理論社會學》一書。《理論社會學》是對社會總體進行理論性的探討。它的研究主要包括：社會發展動力論、社會因素論（包括人口原理、社會心理原理、社會文化原理）、社會過程論、社會組成論、社會約制論等方面。應用社會學則是把社會學的理論知識應用於社會實際生活、現象和問題的研究，找出相應的解決辦法。主要包括經濟社會學、職業社會學、都市社會學、鄉村社會學、教育社會學、科技社會學、知識社會學、法律社會學、犯罪社會學、青年社會學、老年社會學、民族社會學、管理社會學、傳播社會學、文藝社會學、休閒社會學、家庭社會學等等。

此外，根據研究的現象規模，可以將社會學劃分為宏觀社會學和微觀社會學，前者研究規模較大的社會現象，後者研究小群體的具體社會關係的活動。至於從研究方法上則可劃分為：比較社會學、歷史社會學、計量社會學、實驗社會學等。

以上從不同角度劃分的種種研究範圍，在具體研究題材的歸類上是互相交錯的。因此，社會學研究範圍的劃分都不可能是絕對的。

1.5 理想社會的建構

第二次世界大戰期間，美國總統羅斯福（F. D. Roosevelt）提倡人人應享有「言論自由」、「信仰自由」、「免於恐懼的自

由」、「不虞匱乏的自由」等主張，成為民眾普遍的期待與政府施政的重點。政府有責任為民眾消弭貧窮、愚昧、懶惰、骯髒、疾病等五害，建構一個符合人道、講求公允的社會。

理想社會思想的建構在希臘時代的幸福論、羅馬時代的責任觀，及我國的《禮記・禮運・大同篇》……均有所論述，皆認為：個人應依其基本需要獲取社會提供的資源，個人亦應竭盡所能貢獻一己的能力造福他人，這種互賴互助不僅是一種美德，也是一種社會責任。當社會互動越為頻繁，互賴關係越為綿密時，基於「危險共擔」、「福利互助」所主張的生活安全保障，將裨益於社會的永續發展，此種保障是每個國民的基本權利而不是慈悲的施捨。特別是在工業化國家，受到社會意識的變遷，人口快速的流動，醫療科技的進步，使得「小家庭」及「高齡化」成為社會的主要特徵，原本依賴大家庭所提供的保護網絡，勢必須藉由社群發揮應有功能加以協助。因此，新近的福利思潮強調：經由政府的妥慎規畫，以滿足民眾如健康、教育、醫療、住宅、營養等基本需求，並藉以達成和諧社會的目標。

隨諸社會變遷與時間遞嬗，回顧過去五十多年來台灣社會的整體發展，的確有許多傲人的成就，諸如：國民所得的增加、義務教育的普及、平均壽命的延長、生活素質的提高、醫療衛生的增進等等。然而，由於社會的急遽變化，在社會發展的過程中，衍生出若干負面的行為，乖離整體發展所追求的目標，例如：家庭結構的破壞、貧富差距的擴大、犯罪行為的增加、環境污染的嚴重、老年人口驟增等等。這些課題無一不涉及社會發展的運作規畫，不僅是政府亟須面臨的挑戰與考驗，也將是決定台灣在二十一世紀是否有永續發展空間的關鍵因素。

　　根據先進國家的經驗，這個理想社會的建構也正是一種社會安全的建制，正反映著政府的基本職司，而不是國家牧民的善政；民眾只能消極的期待爲政者的溥利人群，等待國家對人民的施予，這是人民皆應承受的基本權利。這一個理念的動力在於對現代生活的實況有著更深刻的體認，希冀透過社會集體的力量來保障個人的安全。理想社會所強調的是：在現代社會中，任何人都有招致意外或不幸的可能，其責任的歸屬往往並不清楚也無法在社會中獲致共識，同時即便做出明確的歸責，也未必能帶來何種實際的效益，因而不再以是否可歸責於個人作爲保障與否的判準，而轉由運用集體力量來分擔個人所招致的風險，以群體的努力來維護個人的基本生活。理想的社會便是相應於這種想法的一種體制，以期能改變傳統社會中「日頭赤焰焰，隨人顧性命」、只有「愛拼才會贏」的營生方式。爲求達到這項目標宜積極朝向下列方向努力：

　　第一，保障社會成員人性尊嚴：爲能保障每個人最低生活需求，應建立殘補式的救助體系，協助對於低收入戶者、弱勢族群的照顧，以維繫每位國民的基本生活品質。

　　第二，確保國家資源公允分配：藉財富分配來達成每個人在生存、教育、就業、稅賦方面的均等，並建立公正的資源分配制度，達到社會公平的境界。

　　第三，維持基本生活不虞匱乏：在社會安全實施下，對個人在遭受其所能控制範圍之外的社會風險，致使其生活水準下降時，保衛其已獲得的生活水準，經由建立完整的社會保險體制，使「和衷共濟，危險共擔」的社群得以形成。

　　近年來全球化的浪潮，以及科技、資訊的高度發展，已改變了傳統民眾對政府的期待，各國政府於社會安全方式已面臨

巨大的衝擊與興革。爲確保民眾生活福祉，社會亟須建置高瞻
遠矚的社會安全體系，以迎接二十一世紀的挑戰，建設一個公
義祥和的新社會。

2. 學科產生與發展趨勢

　　社會學的發展可以理解爲理性主義整體發展的一部分，而且可以從理性主義對於生活基本問題的根本立場中演繹出來。

　　　　　　　　　　馬克思・韋伯（Max Weber）

　　1988年世界各國諾貝爾獎得主，集合於法國巴黎共同發表宣言時，即曾云：人類要在二十一世紀生存下去，必須要回到二千五百餘年前孔子學說中去尋找智慧。現代社會對於公民倫理有越爲強烈的趨勢，弗羅姆（Erich Fromm）認爲：現代人十分需要展現呼應社會的群我意識，以解脫零件地位、擺脫疏離感，並從自我中心中解放出來。是以現代人的理想生活形態是：人人都能夠眞正享有自由，接觸更有價值的人類文化，發展自己的人格和能力，並致力於增進家庭、人際與社會之間的接觸，以豐富和充實精神生活，從而經由集體合作的力量以達成美好社會的實現，因爲只有在健全的群我社會中生活，個人的幸福才能實現。本章即藉由對社會學產生的背景知識及主要社會學家的認識，企圖尋求對現今社會的瞭解，乃至於建構一個理想的社會來臨的期待。

2.1 社會學的興起背景

　　社會學的產生大約在十九世紀的初期。雖然社會思想或社會學說古已有之，但作爲一門獨立學科的社會學，卻是到了1830年代才出現的。社會學爲什麼產生於這個時代呢？因爲自從十五世紀西歐社會發生文藝復興運動以來，理性主義的思潮揭開了一連串的運動，包括：人本主義、宗教改革、科學思維、大學設立、城市產生、行會組織等等。這股潮流推波助瀾的影響社會的變動，而發生於十九世紀中葉的工業革命浪潮，更是快速席捲整個西歐，機器取代了手工業的生產方式。隨著工業革命的發展，新型的市場建立起來了，世界性的貿易活

動、航海運輸和陸路交通，得到了大規模的發展。近代的科學技術，促進了生產力的突飛猛進，亦提供人們更爲便捷快速的生活方式。工業化把大批人口吸引到都市裡來，形成了新的社會關係。在經濟的榮景下，卻也同時造成城鄉對立，週期性的經濟衰頹所帶來的工人貧困、失業，社會中存在的犯罪、動亂、精神崩潰以及各種動盪不安的景象。爲了尋求解決問題的辦法，法國社會學家孔德 （Comte） 繼承了他的老師聖西門（Simon） 的思想，試圖運用科學的方式，以實證探索的方法，探求社會的合理發展。所以說，社會學的產生與工業革命有著密切的關係，是以，社會學是相應於社會發展的產物。

2.2 社會學的發展階段

根據社會學知識的興起與發展過程，一般社會學研究者多半歸諸三個階段，即創立階段、形成階段和發展階段。

一、創立階段

社會學的創立階段大約在1830至1890年。這個階段最具代表性的爲法國社會學家孔德（Auguste Comte, 1798-1857），他被後來的人們視爲社會學的創始人，而有「社會學之父」的稱譽。孔德出身於法國的一個官吏家庭，早期便脫離家庭所信奉的天主教和君主主義。他因持有自由思想而被學校開除之後，就當了家庭數學老師。1817至1824年，孔德擔任聖西門的祕書，他接受了聖西門的許多思想。但是，由於他們在理論和政

治問題上的意見分歧，導致了兩人的決裂。孔德的主要著作是
《實證哲學講義》和《實證政治體系》。他的《實證哲學講義》
共計有六卷，是從 1830 至 1842 年陸續出版的。在前三卷中，
他把研究社會現象的專門學科，稱爲「社會物理學」，這是沿用
聖西門的概念。而當第四卷於 1839 年出版時，他把「社會物理
學」改爲「社會學」，學術界一般認爲是他在這裡最早運用「社
會學」（Sociology）這個概念的。孔德認爲自然和社會有六門
基本學科，這就是數學、天文、物理、化學、生物學、社會
學，其中社會學是六門基本學科中的最高層次。他認爲社會學
研究主題可包括兩大部分，即社會靜學（Social Statics）和社
會動學（Social Dynamics）。

　　社會靜學研究社會體系存在的條件和作用的規律，因此社
會靜學所強調的是關於社會秩序、組織、和諧的理論。孔德認
爲社會是一個有機的整體，它的每一部分都是相互關聯的，並
且只有在統合中才能發揮其功能。孔德將社會分成三個層次：
個人、家庭及社會。但他對個人並未做深入研究。孔德認爲家
庭所具有的道德特點和協調功能使其成爲最基本的社會單位，
由此而形成社會組織，在所有的社會組織裡，最核心的是政
府。社會動學研究社會體系發展和變化的規律，孔德對影響社
會發展的各種不同因素做了仔細分析，把它們分爲兩類：第一
類爲精神性及理智性的因素，這類因素對於社會發展具有決定
作用；第二類因素則爲環境、氣候、種族、平均壽命、人口增
長，這類因素只能加速或延緩社會進步。社會發展是依循一定
的規律進行，它的階段是不可能改變的。

　　從前面的論述可知，孔德的社會靜學是一種有關社會秩序
的理論，其重點在於強調社會裡人類生存條件的協調和諧；社

會動學則是社會進步的理論，所強調的是社會的基本發展與進步，秩序與進步是相互關聯的，因此社會靜態和社會動態的研究均屬社會學中不可或缺的部分。

孔德認為，人類知識進化的過程經歷了三個階段：即神學階段、哲學階段及科學階段。孔德強調人類進入第三階段，才有真正的知識。此時人類開始以客觀的觀察代替主觀的臆測，致力於各種因果關係的探求以期獲致實證的知識。因此，他認為對社會的研究不能單憑想像和粗淺的觀察，社會學應該利用生物學的方法和理論來分析社會秩序和進化的過程。按照孔德的觀點：「我將以生物學的方法來研究社會存在的條件，我將以解剖學的方法來研究社會組織，我也將以生理學的概念來分析社會變動的法則。」（Shepard, 1990: 24）他提出了若干研究社會的方法，諸如歸納法、歷史法、實驗法、比較法等。

在社會學的創立階段，孔德的主要貢獻，一是創立了社會學這一名稱，並建立了社會學理論體系；二是主張用自然科學的方法，客觀地從事社會現象的分析和解釋。

繼孔德之後，在創立階段研究社會學最具有貢獻的社會學家要算英國的史賓塞 （Herbert Spencer, 1820-1903） 。他是英國一個中學教師的兒子，由於健康狀況，無法有系統地接受學校教育，而是由其父親和叔父指導在家自學。 1837 至 1841 年，他擔任鐵路工程師，其後在一家報社工作。 1853 年，他繼承了叔父的一筆豐厚遺產，於是放棄了原來的職業，開始了著書立說的生活。在史賓塞出生前約三十年的歐洲，正是自然科學興起的時代，著名的生物學家達爾文（Charles Darwin, 1809-1881）提出了「物種起源論」， 史蒂芬遜（George Stephenson, 1781-1848）發明了蒸汽機 （1814）， 經濟學家亞當・斯密

（Adam Smith, 1723-1790） 的「古典經濟學理論」，均在此期間發表。1843 年史賓塞受孔德的影響，即企圖建立一個能把當時所有的理論科學結合起來的綜合哲學體系，而發表《綜合哲學》一書。這部巨著共有十卷，由五部單獨的著作組成：《第一原理》（1862）、《生物學原理》（1864-1867）、《心理學原理》（1870-1872）、《社會學原理》（1876-1896）、《倫理學原理》（1879-1893）。此外，史賓塞有關社會學的主要著作還有《社會靜學》（1850）和《社會學研究》（1873，此部書我國學者嚴復譯為《群學肄言》）。這些著作對於社會學的方法有相當的貢獻，同時對社會學從事了系統性探討。史賓塞所持的基本觀點為：我們所能夠瞭解到的世界，主要是經由經驗、觀察、接觸的世界；超越此範圍的深奧世界，則為所謂「形上學」的世界，屬於絕對無法瞭解的「不可知的世界」。我們對於世界的根本存在（神、或者絕對者）無法完全地瞭解，這些範疇必須委由宗教的領域加以探討。他認為社會為一個生物有機體，個人和社會的關係，有如細胞之於生物體，構成所謂「有機類比說」。他以進化論的觀點說明社會發展過程，以比擬的方法說明社會的組織形態。他認為如果不相信社會秩序與自然規律是一樣的，那就無法接受社會學是一門科學。由於史賓塞其全體思想均採進化論的立場，因此被認為是社會有機論或社會進化論的創始人。

二、形成階段

社會學的形成階段一般劃分為 1890 至 1930 年。儘管社會學在創立時期就已表明它是直接探究現實社會的一門學科，但

是，早期的研究者卻很少採取經驗式的研究方法，甚至連提倡科學研究的孔德本人也未曾在社會研究中採用實證方法，他們往往採用的是哲學思辨的方法。直到十九世紀末、二十世紀初，法國的涂爾幹和德國的韋伯才開始致力於確定社會學的具體研究範圍和研究方法。於是，一方面出現了社會學的分支領域，如一般社會學、宗教社會學、法律社會學、經濟社會學等；另一方面，也開始把自然科學中的一些定量分析方法運用於社會學之中。這些成果與主張便形成了這一時期的主要特點。

涂爾幹（Emile Durkheim, 1858-1917）曾在巴黎高等師範學校受過哲學教育，並且執教於中等學校，他於 1887 年應邀在波爾多大學講授社會科學課程。因涂爾幹的研究成就才使得社會學列為法國大學的學科之一。涂爾幹對社會學的研究，以他的三部著作為代表。他的第一本書是 1893 年出版的《社會分工論》，在該書中認為：由於社會分工的發展，社會的組織結構變得越來越複雜，每個人都朝異質方向發展，個人之間缺乏同質性，於是便產生了一種有機相關連帶，即個人之間的相互依賴性增強，合作成為需要，這是一種控制個人行為的外來力量。涂爾幹把這種力量稱為「社會事實」。他認為社會事實才是社會學研究的主題。1895 年，他出版了《社會學方法論》一書，系統地介紹實證研究方法，強調運用實證科學的方式以探討社會現象。1897 年，他出版的《自殺論》就是這一方法的具體應用。在這本書裡，他以統計學的技術，對各種自殺現象做了不同於個體心理學的社會學解釋，認為自殺不單純是個人的行為，而是一種社會現象，它是受社會整合程度影響的。在一個集體氣氛很濃、社會整合程度很高的群體裡，個人主義的自殺

率低，而利他主義的自殺率高；組織渙散、整合程度低的群體，個人主義的自殺率就高。總之，他對社會學的主要貢獻，就是提供了具體的研究範圍和研究方法，並把他的理論和方法付諸實踐。

這一時期另一主要代表人物是韋伯（Max Weber, 1864-1920），其出生於德國的一個富有家庭。 1882 年，韋伯進入海德堡大學研究法學。但是他的興趣並不限於這一個領域。他在大學期間還研讀歷史學、政治學和經濟學，成為一位百科全書式的學者。韋伯從 1894 年起擔任海德堡大學教授。但是過了兩年，由於精神嚴重失常，他辭去了教學工作，直到 1919 年才回到該校繼續任教。後又轉到慕尼黑大學工作，直到 1920 年逝世。

韋伯把社會學定義為：瞭解人的社會行為的科學。 1921 年他的《經濟與社會》一書出版，該書中論及：社會學要認識的是社會行動，要從根本上說明社會行動的過程和影響。社會學應該把個人的行為或者個人的社群行為作為研究的重點，社會行為就好比是組構社會的「細胞」。他認為，心理學雖然也研究個人行為，但心理學與社會學研究個人行為是有區別的；社會學之所以要研究個人的行為，是因為個人賦予了他的行為以一定的意義。只有這種行為才是社會學家感興趣的。他提及：「人類的行為之所以稱之為行動，即行動者個人把主觀的意義與該項行為相結合。」（Weber, 1958: 126）韋伯還把社會行動區分為四種類型：第一種是與目標相連結的合理性行動，稱為目的理性行動；第二種是與價值觀相連結的合理的行動，稱為價值理性行動；第三種是感情的行動；第四種是傳統的行動。這項對社會行動的理論對於現代社會學產生很大的影響。

韋伯的另一貢獻是對現代社會的科層制度研究。科層制度的理論是由韋伯首創的。科層制度強調的是一種具有專業化的功能，及固定的工作規程和權威分等的正式組織，是一種在結構上分科執掌、分層負責並合乎科學的社會組織，他認為科層制在許多社會組織中是提高行政效率最合理的一種制度。韋伯的這些思想對後人研究社會組織的結構和管理影響很大，因此，韋伯被認為是組織社會學的創始人。

受到西歐社會學的影響，1893 年芝加哥大學建立了社會學系，成為全美最早成立社會學系的大學，1905 年美國社會學會接著成立，並辦理《美國社會學刊》。芝加哥大學後來成為美國社會學的教學與研究的主要中心，先後在這裡任教和研究的著名社會學家有：湯瑪斯、顧里（C. H. Cooley）、米德 （G. H. Mead）、帕克， 而被歸為芝加哥學派，由於他們相當注重社會調查，因而影響其後美國社會學的研究者特別重視社會調查的風氣，並左右了社會學的發展。

三、發展階段

我們把 1940 年到現在這一段時間稱為社會學發展階段。這一階段社會學的發展是迅速的，並且是以美國的社會學發展為主要代表。從二十世紀初到 1930 年代，芝加哥大學是美國社會學的中心。從 1940 年代開始，由於在哈佛大學和哥倫比亞大學任教的索羅金、帕森斯（Talcott Parsons）和墨頓 （Robert K. Merton） 等人的影響， 美國社會學中心逐漸移轉到了東部，以哈佛大學為中心。從 1960 年代開始，由於社會學運用統計數理知識的大量推廣，密西根大學的社會學系就成為這方面的中心。

在這個時期，以帕森斯和墨頓爲代表的結構功能主義理論成爲美國社會學的正宗主流，從 1950 年代初開始，深遠影響美國社會學界二十多年。其後，社會衝突理論、社會交換理論、符號互動理論等，許多新興學派相繼出現。美國社會學自 1920、1930 年代，就已強調重視實證經驗、社會調查、社會問題的傳統。隨著第二次世界大戰期間電子計算機技術的應用和推廣，使得社會統計分析方法大爲發展。社會學之所以能夠大規模進行各種民意調查，正是這種社會統計分析技術的快速發展所促成。

這個階段另一項重要的發展爲「科際整合運動」。由於二次大戰以來各項社會科學研究的突飛猛進，理論的創見迭出，新穎發現的繽紛雜陳，均使社會科學的內涵日新月異。在追求科際的統合（integration） 和科學化的運動中，使得社會學知識積極朝向下列四個方向進展：

第一，理論的說明必須要靠公眾均能觀察瞭解的客觀事實，而不能靠學者一己的經驗。

第二，必須盡可能地以數量化的方式來陳述假設，俾其能夠精密的判定。

第三，各種陳述應該精確詳實，以便能用嚴密的試驗說明事實。

第四，引用自然科學家所慣用的數據，爲度量的工具。

這些觀點影響著社會學的發展，尤其是面對著繁複多元的社會現象時，爲能對該現象的剖析有實質的幫助，社會學已朝向結合相關領域的學問以探究社會現象。

社會學的發展，在不同的時期，有不同的特點。當代社會學發展的主要趨勢爲：

第一，越來越重視應用社會學的研究成果，以期對社會現象進行科學的描述、解釋、預測與控制。

第二，隨著社會學研究範圍的不斷擴大，加上社會學本身所具有研究社會現象的獨特功能，使得社會學在人們生活的許多領域中，皆能得到廣泛的應用和深切的發展。

第三，社會學的理論研究正在向歐洲轉移。受到社會學研究人員面對社會發展所產生的疑義，越來越迫切地感受到需要重建社會學理論知識的重要性，因而導致深切探討理論的思維。

這些發展的方向將使得社會學的知識不斷推陳出新，並且足以對人類社會提供更為具體的貢獻。

2.3 社會學的重要學者

社會學的開創與發展固然有其歷史背景及因素，但亦與社會學家的思維與理論建構息息相關。這些重要且深具代表性的學者，除了於前節介紹的孔德、史賓塞、涂爾幹、韋伯等位之外，尚有：

一、馬克思 （Karl Marx, 1818-1883）

馬克思認為整個社會組織係由經濟狀況所決定，一切人類意識與制度只是經濟狀況的反映，再產生法律、政治、文化等上層結構。換言之，不是人們的意識決定它們的生存，相反的，是它們的社會生存決定其意識。而整個社會結構，隨著經

濟基礎之變遷而改變。人類的觀念、信仰、價值與制度等，大體上都是經濟狀況的反映。愛爾華（C. A. Ellwood）稱此為「經濟決定論」。馬克思認為，階級鬥爭是人類歷史上一普遍現象，任何一個時代皆存在，歷史的演化即鬥爭的結果。當勞動者自己取得並管理一切生產工具之後，社會上將無剝削之事，人類社會將變成無階級的社會，這是其理想社會的遠景。

二、米德（George Hebert Mead, 1863-1931）

1863年出生於美國，1931年辭世。米德的學生根據他的原創思想整理的《心靈、自我與社會》一書，涵蓋了行動與心靈、語言與意義、自我與社會等重要主題。米德秉持實用主義及社會行為主義的觀點，強調心靈、自我等個體行動的社會形塑背景，另方面著重組織、控制等社會結構的行動溝通基礎。藉此，他主張一個融合自主行動與開放社會的民主時代的來臨。

三、帕森斯（Talcott Parsons, 1902-1979）

1902年出生於美國，被譽為「結構功能學派」的創始人。強調社會結構是由包括不同的次級體系組織而成，社會是一個穩定的功能性組織，同時社會具有整合性特質，而體系都可以藉由環境適應、目的獲取、功能整合及模式維護等達成結構運作。該思潮影響美國社會學界多年，其中運用四功能典範和系統的觀念以說明社會的體系為主要內涵。

四、哈伯瑪斯（Jurgen Hobermas, 1927- ）

德國社會學家，法蘭克福學派（Frankfurt school of critical theory）主要代表人物之一，其主要的研究包括三部分：(1)對既有社會理論的批判解析。(2)社會學方法論的重建。(3)對現代性的發展提出一套實質理論並加以診斷。他主張把各門社會科學與哲學結合起來，鼓吹創立哲學、社會科學一體化的「科學」。試圖重建一種當代的「馬克思主義人類學」，同時試圖建立一種包羅各種人文科學在內的批判的辯證認識論。他特別對溝通系統進行了社會性、歷史性的綜合系統考察，指出先進國家的政府干預導致了政府合法性的危機。

2.4 迎接公民社會的到來

自諾貝爾獎得主華森（Walson）發現基因雙螺旋結構之後，許多科學家都將精力投注在基因科學的相關研究。由於一切生物的外顯特質都是由其基因特質（genotype）所決定，故基因研究自然成為生命探索的鑰匙。除了操弄基因「無所不能」的研究成果之外，生物科技也帶來許多人難以接受的震撼。例如：製造多眼果蠅、無頭人類等變體生物的可能，像這樣只在過程中追尋成果，卻無暇慮及目的緣由的科學態度，聽來確實是恐怖可怕。除此之外，在二十世紀末正當大家為「千禧蟲危機」而嚴陣以待，首宗「股市駭客」事件及「完全網路自殺」事件相繼在台灣發生。在今日社會普遍運用的網路是最私密性

的工具,沒有面孔的人躲在電腦終端機後頭,無須移動身體,即可跨越廣闊空間,獲取及傳達所需資訊。另一方面,網路又是最公共的工具,在全球化浪潮中,透過媒體、網際網路及各種資訊整合手段,跨國性、跨界性的公共領域正在形成。而無論是最私密性或最公共的領域,都最需要自我克制,也就是網路倫理,自由才不會淪於為所欲為及恣意犯罪。網路倫理與媒體倫理一樣,屬於公民道德的一部分,而公民道德是在有了「公民自治」及「公民社會體」之後,才會出現。「公民自治」界定了一個公民的群己界線、當為不當為範圍、權利與義務關係。「公民社會體」則要求打破個體及血緣的認同,認同於所處的社會,並且依據社會的規範生活。電子媒體及網際網路是相當後現代的產物。所謂後現代,也包括了欺瞞。如同布希亞(Jean Baudrilland)指出的:「真實」與「再現」已被「虛擬」超越,在「虛擬」階段,符號與真實已沒有任何關聯,「虛擬」預先布置及製造了即將發生的事件,「一旦由『再現』進入『虛擬』,任何事物都已死亡,或早已事先發生。」(Smelser, 1981: 382)這正是沒道德的電子媒體及網際網路運用者最可怕之處。只要存心欺瞞,「虛擬」可以製造出比真實更真實的「過度真實」來,成為「真實不過是符號效果」而已。上述的基因科技、網際網路或是電子媒體,所衍生的現象及它們所暴露的,不只是網路管理安不安全的問題,還涉及公民社會成不成熟的問題。也正是大哲學家哈伯瑪斯所批評的「工具理性」與公民社會的對應。

美國哲學家羅斯指出,倫理規範具有其情境內涵,並不是一個封閉思考的產物。在生物科技、電子科技日新月異的今天,絕大多數的哲學、法律學者都難以掌握自然科技的前緣發

展，因此也就難以提出契合情境的倫理法律規範。既然科技專家的研究者最能領略其科技發展的可能危險，就必須要以更嚴肅、更關懷的人文思維來看待生物技術的發展，才有可能避免其所帶來的災難。

兩百多年前的工業革命，使許多人誤以為人類生產消費的成長潛力是「無所不能」的。然而兩百年後我們才發現，工業生產的種種排放物已然對大氣、生態環境造成難以彌補的傷害。撫今追昔，我們實在應該以更謙卑的態度，去面對宇宙與自然。發揮人類具有可貴的記憶與思考等反省的特質，這使我們能夠知道，科學發展的歷程中發生哪些錯誤並且將設法避免或加以改善。這些錯誤的經驗不是用來阻止人類繼續進步的，而是用來提醒我們應該更為謹慎的發展文明，當然也包括科學，畢竟沒有人可以否認，今日便利的生活與優異的醫療技術，甚至是未來的糧食與醫藥問題，無一不是出自科學成果之賜。不論我們對科技持何種態度，科技社會已悄然來到，在現代更需要公共道德，並積極朝向公民社會的方向努力。

根據當代政治思想家泰勒（Charles Taylor）的歸納、分析，將公民社會（civil society）分成三層意義：第一層是存在獨立於國家權力支配的自由結社組織，這是公民社會存在的最低限度意涵。它可以是傳統性格的私有組織，或是具現代性格的公共組織。若民間社會具現代性且具公共性格，意即能透過不受國家監護力的結社組織建構自己的認同、調整自己的行動，就屬於第二層意涵。第三層則是結社能在公共領域中動員成員的共同意志，進而有效地影響或決定國家政策方向，如此可稱之為「公民社會」。公民社會存在的關鍵，應包括自主公共領域的出現。在該領域中，公民不受限制地就大家共同關心的

公共事務進行詳盡的辯論與討論，並形成被大家共同承認的意志，造成公共輿論。

　　1980年代，台灣社會經歷了政治自由化的歷程與中央威權統治的崩解，將台灣社會慢慢推向民主化的門檻。1990年代，在紛亂、衝突的修法、修憲與新舊變革中，逐漸建構民主化政治的基石。但健全的公民社會與公共領域似乎還沒有真正到來。當前台灣社會湧現的民間社會力量，若要進一步組織為具有現代意義的公民社會，還有一些障礙因素必須克服。例如：台灣社會缺乏公民倫理，與傳統社會中的倫理素養不足有關，大家雖然注重忠孝倫常、慈善救難、造福鄉里，但是在傳統的窠臼裡，人們已習慣「天高皇帝遠」、「只許州官放火，不許百姓點燈」的心態，法律都是「官訂的」，與一般人民並沒有關係，很難形成成熟的公民社會倫理。再加上傳統社會「公私有分」的意識也十分薄弱，形成營造現代政治所需要的社會參與及權利運用意識薄弱。許多社區雖然已形成很強烈的社區意識，有事情多會團結起來抗爭，表面上和歐洲、日本等公民社會已成形的國家沒有差別，但國內的社區意識仍脫離不了以部族、家庭、地緣為主的形態，實質上還是傳統倫理意識在主導。

　　任何公共領域的形成，一定要有公民道德予以配合，正如任何私密權的享有，必須同等尊重他人私密權。這些都是公民社會的基本條件。沒有公民社會，就沒有公民道德及網路倫理、媒體倫理。梁啟超在「新民說」、「中國人之缺點」等文中論及中國國民缺點，歸納出「缺乏公德」、「無國家思想」、「無責任感」、「無高尚之目的」等十四項；又說奴隸有「身奴」與「心奴」兩種，身奴好去，心奴難除，而中國人奴性之深則

已達到「心奴」地步，不知自愛，不顧公益，坦白指明中國所有的事物「一涉公字，其事立敗」。這些缺點，無不源自公民社會缺乏，以及公民教育不成熟。在清朝末年就有很多學者發覺中國傳統文化十分缺乏「公共面」。「公共面」闕如的結果，自然導致國人成為一盤散沙。在相互依存度越高的社會，公共領域越易發展，公共領域越發展的社會，公民社會及公民道德越須講求，否則帶來的將是犯罪、災難、污染及戰爭。此時，公民道德、群我倫理的教育便顯得迫切而重要。也足見在建構公民社會方面，我們仍有漫長的路有待勉力而為。

3. 社會互動與人際關係

　　中國傳統文化十分缺乏「公共面」，其結果是導致國人成爲一盤散沙，中國所有的事物「一涉公字，其事立敗」。

——梁啓超

　　從古至今，人類幾乎無法離群索居，尤以現今社群人際互賴互動日益頻繁而綿密，使公民社會成爲社群追求的目標。而著稱的當代政治思想家泰勒將公民社會（civil society）界定爲：結社能在公共領域中動員成員的共同意志，進而有效地影響或決定國家政策方向，如此可稱之爲「公民社會」。

　　公民社會存在的關鍵，應包括自主公共領域的出現。在該領域中，公民不受限制地就大家共同關心的公共事務進行詳盡的辯論與討論，並形成被大家共同承認的意志，超越政府的作爲，形成公共輿論及集體行動，其中涉及現代性格的公共組織，意義深遠。究此，則更有賴人們對社會互動有深切的理解，因爲如果民間社會具有現代性和公共性，意即能透過國家力量的結社組織建構自己的認同，調整自己的行動，產生堅確的「生命共同體」，便有助於生命共同體的君臨。

3.1 社會互動的意義

　　研究社會，不僅要分析社會內部各個組成部分之間的靜態關係，而且要分析動態的社會關係，把社會當成一個發展過程來分析。那麼，什麼是社會過程呢？社會過程主要包括兩方面的內容，一是研究社會的互動過程，社會學把它稱爲社會互動；二是研究社會的歷史過程，即人類社會文化的演變或發展過程，社會學把它稱爲社會變遷。社會互動是從橫向方面研究社會的動態關係，社會變遷是從縱向方面研究社會的動態關係。

　　「互動」（interaction）是指：「分子間互相交感的行爲過

程。」（孫本文，1973：27）在社會生活中，個人與他人之間
能夠產生關係，主要是因為互動所造成的。所以互動是個人與
他人或團體發生關係的一種過程。由於互動是社會化的基本條
件，一個人自參與社群，使自我與社會生活結合為一體，因而
達到群體的穩定運作和發展。至於「社會互動」（social
interaction），是指「人與人或團體與團體在行動間的交互影響。」
（龍冠海，1985：32）社會學家辛邁爾更強調「社會互動為人
類社會生活的基本要素，一切社會現象皆基於互動而產生。」
（謝高橋，1982：86）

　　人們在社會中生活，人與人之間就會發生相互交往和相互
作為。要彼此交往互動，其前提條件就必須是兩人以上。所以
說社會互動是人與人、個人與群體、群體與群體，由於接觸、
接近而發生交互作用的方式和過程。凡社會行為總是要與別人
或團體發生關係，所以社會互動，也就是人的社會性行為，社
會行為的紛繁複雜，造成了社會互動的種類和方式的繁多，又
由於人們的行為必須遵循一定的社會行為規範，社會才有秩
序。社會互動的表現可分為兩個方面，一是社會行為方式；二
是社會行為規範。社會行為方式可分為：合作性社會行為和反
抗性社會行為。合作性社會行為也稱合作的社會互動，如暗
示、模仿、合作、同化等；反抗性社會行為也稱反抗性社會互
動，如競爭、衝突等。社會行為規範主要指風俗、習慣、道
德、宗教、法律、制度等。由是可知古往今來，人類社會現象
的內容雖然千變萬化，但是社會現象的形式，則僅僅是來自人
與人之間的互動而已。這些互動不但是一切社會現象的共同
點，並且也是形成社會現象的主要根源。

3.2 社會互動的類型

社會互動的方式，帕克與卜濟世 （E.W. Burgess）認為可區分為下列數種：

一、暗示

暗示是社會互動的一種形式，其含義就是指：一個人有意識地向他人發出一種刺激以控制其反應的社會行為。如「望梅止渴」就是運用暗示的作用來振作人的精神，學生接受教師的教導、孩子接受父母的教養、教徒接受教主的訓導等，都是一種受暗示的過程。日常生活中，人們看到廣告或是聽他人介紹某一產品而去購買等，也都是受暗示的表現。暗示可以由人施授，也可以由情境施授，暗示可以採用言語的形式，也可以用手勢、表情或其他暗號。暗示的種類分為直接暗示和間接暗示。

間接暗示是指有意無意地用自己的行為、語言文字或某種符號向不特定的對象發出的刺激，如宣傳公眾人物的事蹟、廣告、電影等，都可能發生間接暗示的作用。

暗示的發生是有一定條件的。第一，暗示者的權威是一個重要條件。權威越高，發出的刺激越能引起別人的反應。第二，刺激的持久和反覆也是暗示的重要條件。偶然發出一種刺激，就可能引起人們的注意。第三，人們對於多數人的行為也會受暗示的作用。例如，在會場裡只要有一兩個人站起來回頭

看，很快就會引起許多人也都起來回頭觀望，以為發生了什麼事情，有時甚至也會使會場的秩序大亂。又如，會場裡多數人鼓掌時，自己也會情不自禁地鼓起掌來。人們跟隨多數人的行為，接受多數人的影響，這不同於從眾，從眾行為雖然也隨多數人的行為而變化，但是那是由於團體壓力所引起的，暗示在此處並未感到有壓力，有時是個人基於好奇所產生的行為。

無論是直接暗示或是間接暗示，都可能引起相反的作用，轉變為所謂「反暗示」。反暗示又可分為有意和無意兩種。有意的反暗示，即故意說反話，以說反話的方式企圖取得正面的效果。無意的反暗示，是正面的暗示無意中達到了相反的效果。

二、模仿

模仿也是社會互動的一種形式。所謂模仿，就是自覺或不自覺地模擬一個榜樣的社會行為。模仿的對象可以是衣著、家具、髮型、交往行為等，也可以是各種人物和集體。模仿是一種群眾性的社會行為。模仿與個人及社會生活關係密切。人類開始學會生活，學習語言、技能、技巧等，都借助於模仿。模仿的發展基本趨勢是：從無意識的、不自覺的模仿到有意識的、自覺的模仿；從模仿榜樣的外部特徵，而產生類似的舉動，到模仿榜樣的內心特徵和行為方式，在榜樣的影響下，人們不僅形成活動最簡單的技能，而且會形成精神價值——思想、興趣、傾向等各種行為的風格。

就其模仿的種類來說，可分為無意識模仿和有意識模仿兩種，無意識模仿就是在不知不覺中自動地模仿別人。有意識的模仿，顧名思義，就是有意識地模仿他人，對風俗、習慣的模

仿多半是屬於這種模仿。這種模仿者是爲了適應社會生活而模
仿他人的行爲，從而取得在一個社會中生活的技能。例如，子
女仿效母親的作爲以適應自己的角色。

　　法國社會學家達德（Tarde）　於1890年發表了《模仿法則》
一書。他認爲社會起源於模仿，因爲人與人之間的交互作用，
一方面是個人的創造，即發明；另一方面則是社會的模仿。在
社會互動的複雜過程中發生的模仿，在正常情況下，其速度與
趨勢按幾何級數進行，一經時間遞演則必不能與原形絕對相
同。無論個人的模仿還是社會的模仿，常因傳遞而改變。達德
還提出了模仿要經由反覆、對立、適應的過程。他認爲一種個
別的社會現象要發展成爲普通的社會現象，必須經過無數次的
重複模仿，才能擴大而成爲社會現象。除此以外，還必須經歷
對立的過程，另外，模仿還必須經歷一個適應過程。對立有賴
於適應，有了適應才有產生新的社會現象的可能。達德分析了
模仿的規律，在社會學界至今仍然很有影響。

　　傳統行爲能夠流傳至今，是因爲有模仿；從長袍馬褂到西
裝革履，是因爲模仿。社會生活離不開模仿，社會變遷離不開
模仿。因爲在吸取別人經驗的基礎上擴大自己的經驗，將能進
一步發揮創造性的效果。

三、時尚

　　時尚是指社會生活中人們一時崇尚的某種生活樣式的流行
現象。它由少數人引起，經過人們的相互影響、感染和模仿，
爲多數人迅速接受。時尚涉及到社會生活的很多領域，主要表
現在裝飾、禮儀和生活行爲三個方面。時尚作爲較短時間內流

行的某些生活樣式，它具有以下幾個特點：(1)短時性，即迅速產生，很快地擴展與蔓延，又在短時間內平息、消失。(2)循環性，表現為今日時尚明日陳舊，今日視為陳舊的東西，幾年後又可能時興起來。(3)廣泛性，它既可以發生在一些日常生活最普遍的領域裡，也可以發生在意識形態和社會活動方面。(4)感染性，時尚由少數人發起，透過感染、暗示、模仿、遵從等心理效應，蔓延至全社會。時尚的產生和發展應體現三個原則：

第一，新奇原則：各種時尚的開始都是以與眾不同的形式出現，給人以刺激，引起暗示、模仿等心理現象，從而成為社會上風行一時的普遍現象。

第二，從眾原則：時尚流行趨勢和參加人數是成常態分布，即對時尚極端注意和漠不關心的人均為少數，多數人是尾隨，所以從眾行為是推動時尚流行的心理力量。

第三，價值原則：時尚必須在一定程度上滿足人們物質和精神的需要，尤其是滿足自我的愛美心理和炫耀性消費心理，因此體現出時尚的價值。時尚的發展一般經過潛伏階段、蔓延階段、飽和階段、下降階段和停滯階段。例如，青年朋友追求時尚的絢麗服飾或裝扮。

時尚是標準化群眾行為的一種短暫形式，指標新立異、不落俗套，並在較為短暫的時間內廣為流行的行為方式。主要表現在文化、宗教、語言、服飾等方面，如崇尚外來文化、社交方式改變等。它是在特定時期和特定社會中占主導地位的情緒、趣味、愛好的影響下自發產生的。人們在交往過程中是互相影響的，這種影響的形式之一，就是相互傳達自己富有表情的面容和行為特點的言語、衣著、面部表情、風度等等。這些形式是在模仿、暗示和大量「心理傳染」的心理結構基礎上實

現的。

四、合作

合作是指兩人或兩個以上的人，為了達到一個共同目的，自覺或不自覺地將其行為互相配合的一種方式。要合作，首先必須有一定的意念。要一致觀念，就要有同情心、有共同的志趣、有信任感、有共同的認識。其次，合作要有一定的條件，即人力、物力、財力。第三要有一定的知識與技能，有能力參與其事，才能與人合作。第四要考慮時空條件，對於合作不可忽視時空條件，否則就難以合作。例如，大型企業與行銷業者的合作關係，以達貨品的流通。

五、順應

順應社會是維持社會正常秩序的一種社會互動方式，是指人與人、人與群體、群體與群體、文化與文化之間相互配合、相互適應的過程。人們為了適應某種環境，避免、減少或消除對立衝突，以達到共同生活的目的，便改變自己的行為模式和生活方式，以適應這種環境的條件，這便是社會順應過程。例如，學生順應於教師教學上嚴格的要求。

順應的方法是根據引起調適的原因而定的。因為衝突而發生的調適可分為和解與服從（相對應的則是妥協與統治）；因為環境變化引起的調適可分為容忍、權變和突轉。

六、和解

所謂和解，就是衝突雙方勢均力敵，不分勝負，但由於有了新的認識，或經由第三者的調解，雙方改變了原來的敵對態度（如果是妥協，則不改變原來的態度），建立起友好關係，這就叫作和解。和解是解決非對抗性衝突的主要方式。個人衝突也常常以和解來結束。調適人際關係的另一種方式就是服從。

在社會生活中，人的一生是離不開服從的。因為人們在社會生活中總是屬於某個社會團體，而任何一個社會團體都有一定的規範與紀律，要求大家共同遵守。如果團體成員能遵守其規範與紀律，團體社會就加以肯定；違反規範，就會受到團體的批評。我們可以根據不同的服從人格把服從分為四種類型：一是盲目型服從：如小孩對待父母，一般說來，在幼年時總是服從的，而不考慮父母的要求對或不對。二是自私型服從：這是指有的被領導者從利己的心理出發，不分是非，唯唯諾諾，企圖以「聽話」來取得對方對自己的好感。這種服從和盲目型不同，盲目型服從是分辨不出是非，自私型服從是能分辨是非，只是為了投其所好。三是屈服型服從：對權威的服從，不是因為欽佩，而是因為害怕而服從。一般來說，這種服從行為與其本人的內心有一定的距離。四是自覺型服從。這種服從的行為動機不是盲目利己或不得已而為之，而是發自內心真誠地服從。

七、容忍

所謂容忍，就是經由調整自己的行為以適應環境變化的一種行為方式。凡遇到特殊的情況或環境中發生了某些非常情況，這種情況與傳統規範互相矛盾，而人們無力或沒有合理的根據去改變這種情況時，往往採用容忍的態度。其具體方式常表現為自我克制、寬恕別人，使分歧不經由外部衝突的形式表現出來。所謂權變，就是超出正常規範的隨機應變。如果說容忍是消極順應環境的一種行為方式，則權變，就是突然轉變其態度、信仰、習慣，以適應環境的行為方式。

八、同化

同化是社會調適的進一步發展。社會學的同化概念是指不同文化的民族、團體或個人融合成一個文化單位的過程，也就是說全部改變其原來的思想方法和行為習慣，完全變成另外一個文化單位或其中的一員。同化和調適的區別在於：同化的行為模式全部改變了，其改變過程也是長期緩慢的，並且是在不知不覺中進行的，而調適的行為模式的改變是部分的，並且是有意識的、自覺的。

引起同化的社會原因有四個方面：一是通婚。不同民族、種族的人通婚組成家庭，這個家庭處在本地民族文化的包圍之中，新進入這個家庭的外族成員就必須順從當地的生活習慣，開始也許是有意識的、勉強的，久而久之則習以為常了。二是移居：一家人或一批人移居到一個新的地方，在那裡定居，年

深日久也會被當地民族的文化所同化。三是入侵：外族入侵帶來異族文化，異族文化與當地文化發生矛盾和衝突，在衝突過程中淘汰劣等文化因素，保持優良文化傳統，融合成一種嶄新民族文化。四是文化傳播：現代社會國際交流頻繁，大眾傳播媒體先進，世界各國各民族間互相溝通的範圍不斷擴大，每個國家、地區、民族的人都不斷地接觸到外來文化，長期的接觸，必然會和本民族的文化相互融合。

從個人與個人、個人與團體、團體與團體之間的依賴關係劃分，同化可以分爲四種類型：即a→a、a→A、A→a、A→A （a代表個人，A代表團體，→表示同化）。「a→a」型同化是個人同化個人，例如主管的行事風格同化其所屬的僚屬人員。「a→A」型同化就是個人同化團體，比如老師對學生團體的同化。「A→a」型同化就是團體同化個人，爲一個人長期受組織薰陶及影響，因此同化成爲該組織的一員，比如一個學會同化其會員。「A→A」型同化指的是團體同化團體；比如一個公司和另一個公司聯合，慢慢就會產生同化作用。

由於同化是一種社會互動方式，因此掌握同化規律，有利於人們更和諧地相處，又由於同化的一般規律是較高文化同化較低文化，所以同化又是社會發展的途徑。

九、強制

強制是一個人或一個團體將其願望強加於另一個人或另一個團體，受強制者的角色只是順從或至少可說是被動的。強制常被視爲是一種負面性的社會互動，因爲對付拒絕的行爲常需強制的手段。強制會使受害者產生挫折與緊張，因而可能導致

他們的敵對與侵略行為，也就是引起人際間的衝突。社會關係如果是建立在強制的基礎上，是不會穩定的，因為它所帶來的緊張會導致衝突，且產生社會變遷。然而，強制也有它的積極功能，例如：父母在教養兒童上的強制要求常是社會規則的教導基礎。譬如無禮貌的兒童被禁止外出、不聽話的兒童被體罰等。

十、調適

指社會調適，即人與人、群體與群體、文化與文化之間互相配合、互相適應的過程。經過調適，彼此產生和諧的關係。人們可以透過調適，即部分地改變自己的行為方式或生活習慣，更好地適應環境的變化。調適還可以用於生物學、心理學、社會心理學等方面。較早用這個術語的是英國的史賓塞，強調生活即是內在關係與外在環境的調適。調適的具體方式主要有以下幾種：

(一)和解

即放棄衝突中形成的敵對態度，轉而建立相互容納接受的友好關係。

(二)妥協

即社會互動各方經歷了較量仍勢均力敵，不分勝負的一種暫時息爭。妥協的雙方既沒有改變敵對態度，也沒有達到各自的最終目的，所以妥協是一種暫時的調適，一旦均勢打破，衝突就會再起。

(三)服從

衝突的結果,一方戰勝一方,一方成為勝利者,另一方為失敗者。勝利者成為統治者、主宰者,失敗者成為被統治者、被支配者。如果是被迫形式的統治與服從關係,則未來的互動模式可能有兩個:一是待條件成熟後重新發起衝突,進行新的較量,二是處於服從地位的一方被奴化。

(四)順應與同化

順應是指由於衝突的一方無力改變自己的被動局面,不得不部分地改變自己的態度、觀點及行為方式,以適合對方而停息或避免衝突的行為模式;同化是指衝突的一方全部改變自己的態度、觀點及行為方式,完全變成另一單位 —— 群體、種族或民族成員的行為模式。

十一、交換

交換是指:一個人與另一個人的互動,是以獲取報酬為目的。例如:職員按照老闆的指示行事,而從老闆取得報酬。報酬非盡屬於金錢或物質方面的,主觀的情感報酬也會成為許多社會交換關係的基礎。一個人付出愛心,雖不在乎回報,但取得報酬的期望仍然是互動關係的一部分。如果施與者從未接到任何情感上的回報或感謝的表示,他基於愛心所付出的情感或許會在這種不公平交換方式中逐漸消失。

霍曼斯(George C. Homans)是社會交換理論的創始人。他認為解釋社會行為最佳的模式就是交換性概念。人類行為的

目標是在追求最大的利益和最小的損失。為充分說明交換理論的內涵，他建構了五個命題：

命題一：成功命題——在一個人所做過的所有行為裡，若其中某一特定行為時常換得報償，則該行為會重複出現。例如：辛苦一個月工作的目的是為了拿到薪水，認真複習功課是為了通過考試。

命題二：刺激命題——如果在過去時間裡，某一特定刺激狀況的出現曾帶來某種報償，則當目前所發生的刺激狀況越類似過去的狀況時，類似以往的同樣行動就越可能重複出現。以學生期望的好分數為例，如果他獨自複習得到高分，而參加補習班並沒有益處，那麼，以後他仍會選擇獨自複習。

命題三：價值命題——如果某種行為所帶來的成果對一個人越有價值，則他越可能去做同樣的行動。這裡價值指的是各種不同程度的報償。當正價值越高時，人們越會去做該行動；但是當懲罰越高時，則人們越會避免去做該行動。

命題四：剝奪與飽滿命題—— 一個人在過去得到的報償越多，對他來說，這種報償進一步發展的價值越低。這一命題進一步限定特定行動發生的條件。如一個學生屢次得高分，對他來說，再得一次高分還不如參加偶爾舉辦的音樂會來得更有價值。

命題五：侵犯與贊許命題——當一個人的行動沒有得到他所期望的報償或受到意外的懲罰，他就會氣憤，變得更為經常地做出侵犯行為，這種行為的結果似乎對他更有價值。當一個人的行為得到預期的報償或沒有遭受他所預料的懲罰，他會高興並變得更經常地做出贊許行為，這種行為的結果似乎更有價值。在這個雙重命題中，霍曼斯注意到人的情感行為，如果學

生放棄學習去聽音樂會，當得知票已售完，沒有得到預期的報償時，感到灰心喪氣並可能加以發洩。假使在這時，劇場負責人發現此事，爲了安撫學生同意加座，學生會轉怒爲喜。

霍曼斯強調，這五個命題之間是相互關聯的，必須把它們當作一個整體，當成一個命題演繹系統來看待。每一單個命題充其量不過是對人的行爲做出部分的解釋，而且，這組命題又是最基本的，是有關人的社會行爲解釋的基本概念，其他的經驗命題或次級命題，都可以從中推演出來。在霍曼斯看來，在交換理論中，詳細地說明這些命題，並把它們運用到經驗的研究中是重要的。他深信，這些命題作爲一個整體，將使社會學有能力解釋社會結構。

十二、競爭

社會競爭也是一種互動的方式。在人類社會生活中，人們爲了獲取某些資源或取得某種有利地位而進行的爭取，這是社會競爭。人不僅有滿足自己物質需要的願望，而且有滿足自己精神需要的願望，這是產生競爭的主觀原因。產生競爭的客觀原因是因爲人類社會生活的物質資源和精神資源的差異性是絕對的，這種差異性就會導致人們去努力爭取，如果沒有任何競爭，社會生活就不能延續下去。

競爭具有以下特點：一是目標明確。沒有共同爭奪的目標，是談不上競爭的。競爭往往有某種物質或精神的東西作爲爭取的對象，比如學生要爭取考第一名，運動員要奪取冠軍等等。二是強烈動機：在競爭條件下，人們的自我意識和自我實現的需要更爲強烈，對於活動將會發生更加濃厚的興趣，克服

困難的意志更加堅定，爭取優勝的信念也更加堅強。三是變化較大：競爭者可能消極悲觀，一蹶不振，也可能發憤圖強，急起直追。競爭中的對手可能因爲互相切磋勉勵而成爲好友；也可能把對方看成不共戴天的仇敵。

根據競爭的不同對象，可以把競爭分爲六類。一是經濟競爭：經濟競爭是爭奪物質利益和優越的經濟地位。經濟競爭以爭奪原料、勞動力和市場爲主要內容。二是政治競爭：其目的是爭奪政權或權力。政治競爭在現代社會中主要表現爲黨派之間的競爭。三是軍事競爭：這種競爭一般是在群體與群體之間、國家與國家之間展開的，其目的是爭奪軍事優勢。四是文化競爭：文化競爭包括科學、教育、藝術、體育等方面的競爭。五是社會地位的競爭：這種競爭的目的是爭奪較高的社會地位，包括職業、職務以及榮譽、利益等內容。六是配偶競爭：目的是爲爭取異性對象。

十三、衝突

衝突是個人間或群體間產生以壓倒對方爲終極目的的一種互相對抗的行爲方式。衝突和競爭都是公開對抗的互動方式，有其相同之處，如角力、拳擊，既是利益的衝突，又是智慧的競爭。衝突與競爭的不同之處表現爲：

1.衝突必須有直接的接觸，競爭不一定要直接接觸。

2.衝突帶有情緒上的敵對，競爭不一定有情緒上的敵對。

3.衝突雙方是互相對抗、互相打擊的。

4.衝突一般表現爲有間斷的互動，而競爭則通常表現爲有繼續性的互動。

5.衝突的根源是個人或群體間的利益、意見和態度的根本對立，而競爭則未必。

6.衝突以壓倒對方為最終目的，必有一方屈服才消失，競爭則未必盡然。

社會學者把衝突的方式分為六種：一是口角，即雙方爭吵對罵，這是最輕微的一種衝突方式，通常只發生在兩人之間；二是拳鬥，即不用器械，徒手搏鬥，在肉體上傷害對方，既發生在個人之間，也發生在團體之間；三是械鬥，即手持器械或武器進行搏鬥，一般是沒有預謀、沒有計畫的；四是仇鬥，這是發生在部落、家族、種族之間的一種包含有民族或家族仇恨的暴力衝突；五是訴訟，是一種以法律為手段的衝突；六是戰爭，是衝突的最高形式，戰爭是有組織、有計畫的爭鬥。

社會學家辛邁爾認為一個完全融洽和睦的社會是不可能存在的，因為社會永遠包含著衝突的因素。愛與恨、和睦與衝突等的相對矛盾關係，是使一個社會繼續存在與發展的因素。衝突並非全是破壞性的，它也具有建設性的社會功能，考舍（L. Coser）把辛邁爾對衝突的觀點歸納為十六個命題，分別為：

1.衝突有促進群體結合的功能。因為把人們統一起來的力量和造成人們衝突的因素是一個問題的兩個方面，衝突能使結構更密切地結合。

2.衝突具有維持群體功能的意義。兩者有衝突不完全是壞事，有些衝突會使人們的生活更能容忍一些。如果衝突和反對形式都被取消的話，就會導致兩者的解體。允許衝突，能讓人們的不滿情緒表現出來，使之得到某種心理上的安慰。

3.衝突分為現實衝突和非現實衝突。一旦由於利益而發生衝突，這裡面就包含有復仇情緒，那麼這種衝突就不是為解決當

時所出現的問題，只是爲了消除對方。比如甲乙雙方爲爭奪某物而發生衝突，發展到後來，雙方便不去注意他們最初的目的，而是想消滅對方。

4.對立情緒將導致衝突持續進行下去。

5.在密切交往的社會關係中，同時伴隨著恨和愛，只要兩人關係密切，就會產生愛和恨交織在一起的情緒，這便是依附衝突。

6.關係越密切，衝突越嚴重，兩人密切的關係一般都是建立在許多共同點上的，一旦這種關係破裂，兩人的關係就會比陌生人的關係更壞。因爲對陌生人的評價比較客觀，而對關係密切的人的評價則帶有主觀色彩。

7.任何社會關係在統一之前，一定有矛盾和衝突。

8.兩人之間如果沒有衝突的話，反而說明兩人關係不夠親密，只是爲了把一種關係維持下去，所以雙方都盡量避免衝突的出現。

9.處於和平狀態的群體，可以允許它的成員內部發生衝突。可是，一旦整個群體與外部群體發生衝突時，內部所有力量就會結合在一起，一致對外。

10.如果一個群體經常與外部群體發生戰爭，那麼對內部衝突的容忍程度就低；反之，則容忍度高。

11.一個群體如果有意識地尋找一個外部敵人，可以導致內部的整合。

12.如果在衝突中，參加衝突雙方各自都認爲自己是爲了集體的利益而爭執，而不是爲了個人利益而鬥爭，這樣的衝突會比個人利益之間的鬥爭更殘酷、更激烈。

13.衝突可能使鬥爭雙方形成其他交往形式，比如：人與人

之間往往不打不相識。

14.在力量均衡的衝突中，表面看來都不希望對方組織起來，其實都希望對方組織起來，以達到內部組織的團結。

15.經由爭鬥，可以使鬥爭雙方瞭解對方的力量，從而調整關係，避免不平衡和衝突的發生。同時，要避免有大衝突，最好是有小衝突。

16.衝突還能促使對方沒有聯繫的個人或團體串連在一起。

十四、疏離

疏離 （alienation） 是一種情況，同時是一種客觀的可以衡量的情況，是在社會結構下產生。考舍認為：疏離是一種情況，這種情況是來自於人為其所創造物的束縛所產生。阿宏（R. Aron）強調：疏離是使得與原來的制度成為陌生的事物。即是人創造某種事物 （舉凡機器、制度等），結果人非但未能妥為運用，反而是在運作時成為該種制度役使、約束的對象。在疏離過程中，雖然各階級都有，但是以工人為甚。馬克思認為疏離可以區劃為：

第一，對產品製造的疏離：如生產中對物品缺乏完成的成就感、回饋造成的疏離。

第二，製造過程時產生：一切的原料、生產、價格、產銷都無法參與、決定的疏離感。

第三，工人之間關係的疏離：資本家運用對勞工施以區劃和控制，造成工人僅是為了生存而工作，無法產生良好的互動關係，而資本家的監督也造成了工人與工人、資本家與工人間的疏離。

第四，與社區之間的疏離：人的通勤工作，疏於社區事務和社區產生的疏離現象。

疏離產生的原因：

第一，由於生存的因素：工人為了生存是以必須要忍受剝削、工作的無成就感等疏離現象。

第二，是因為資本家掌握了工業生產的後備軍，尚有許多的剩餘勞工待僱用，因此勞工必須忍受雇主的剝削。

第三，為了提高生產效率必須要分工，使得勞工也產生許多工作成就感的疏離。

3.3社會互動的理論

社會互動論（social interaction）研究人與人之間一方或多方的行為反應，取決於或依賴於另一方或幾方的所作所為程度，以及社會情境隨之變化的規律、條件、模式的理論觀點的總稱。由於觀點方法不同，在社會學中，有四種比較典型的社會互動論：(1)自我表演論，以美國社會學家戈夫曼（Golfman）為代表。認為在社會互動中，個人主要是借助語言、姿勢、情感等手段，來表達自己的謀畫，引起他人的注意，施加社會影響，以達到一定的目的。(2)社會交換論，以美國社會學家霍曼斯為代表。認為人與人之間的互動是一種商品交換過程，包括物質商品及非物質商品交換。其核心思想是認為各種社會關係者涉及到參加謀畫者的報酬和代價。(3)潛意識論，以奧地利精神病學家、心理學家佛洛伊德（Freud）為代表。認為人際交換的基礎和關鍵是捉摸不定的，潛藏於潛意識中的情感及其「互

動向量」。瞭解和掌握它需要用情感訓練和敏感性訓練方法和技
術。(4)日常生活方法論，很多人都持這種觀點。他們認爲社會
互動基本上是自然性的，一般情況下，特定目標行爲總是經由
日常生活的平凡活動表現出來，因此，日常生活本來面目便可
以解釋某種特定目的行爲。以上四種有代表性的社會互動論，
儘管其具體的實驗、實證方法有一定的借鑑意義，但是都滲透
著不同的人性觀點。

4. 文化薰陶與社會習染

心靈的力量既為文化所決定，而心靈的薄弱亦為文化缺乏所導致。

——巴魯赫·史賓諾莎（Baruch Spinoza）

　　文化對個人與社會而言，具有深遠悠長及廣泛遼闊的影響，不僅是及於個體的表現行為，更達於社群的總體意識。而人之所以為人，是經由文化洗鍊形塑，因此，當企圖瞭解人群改造社會，則無不端賴對文化內涵的剖析和瞭解著手。以下列文字的陳述為引，便可知文化對個人和社群的重要性。與西方及日本等國家相比，一般國人的職業倫理及專業素養十分欠缺，敬業且自尊的態度並不常見。亦即在講求高度專業化、職業化的現代社會中，我們存在著「做什麼不像什麼」的現象，從事某一行業的人都沒有應有的專業素養及專業倫理，無論醫師、律師、建築師等專業人士或是飯館中的侍者、工匠，本來應有不卑不亢、既專業又自尊的素養，但在台灣則十分缺乏。

　　「公民社會」概念的形成，在與我們為鄰的日本也是十分晚近的事情，傳統的日本社會，從前也只有部落、家族的倫理，直到1900年後才逐漸注意到這個問題。日本在明治維新以前是封建社會，但卻因此有助於公民社會的建構。在封建社會中個人身分不能轉換，天皇的「役」（工作）和一個木匠或農人的「役」是一樣的，所以做好自己分內工作就會受到尊重，角色倫理及職業倫理也因此得以成熟，原有的公會轉型成為各個職業為基礎的「社區」，再成為現代日本社會重視職業倫理的基礎。相對的，歷代中國採行君主專制政體，對於人民權益不甚尊重，造成人民對於公共事務漠不關心。同時，傳統中國社會文化都不是自治的社會，由是公民社會體無法形成，公民道德及公民意識也難以出現。一般人所謂的「公德心」，常是由儒家式的倫理或自省出發，是「小我」的擴大，而不是「社會大我先於小我」的自律及自覺。當自律及自覺無法成為普遍的行為模式時，他律及他治就是唯一有效的社會控制模式。

　　許多關心社會現象的學者多認為，今天台灣社會文化的主要精神力量，仍在於傳統的倫理道德，及強調血緣或地緣關係的部族倫理，大家對於公共領域的事務若非漠不關心，就是盡可能推給別人或政府，公民社會賴以成形的「社區」意識無從落實。但是，隨著我們進入網路虛擬社會全球化後，台灣已成為地球村的一員，社區意識、公民社會、公民倫理等理念已日形重要，原有的倫理架構也必須全面重新釐清，從教育開始做起，推廣把事情做到完善的「敬業文化」。而這其中的改造工程除了有賴對文化的理解外，尚待自文化改進著手。

4.1 文化與個人

　　一個高品質的社會，是由精緻文化及澄明心靈所建構的社會，也是一個現代化國家的表徵。尤以近年來台灣地區在享有高度經濟發展的同時，卻不見高素質的生活，甚且有富裕下的窮人之譏諷，社會中因過度競爭所帶來的暴戾之氣，實有賴運用文化的提升加以調和，以期社會的全面發展。

　　凡是人，都有文化的渴求，文化不是奢侈品，不是僅供休閒娛樂，更非高不可攀的貴族品。1980年教宗保祿二世在聯合國國際教科文組織巴黎年會上發表演說：「我們總是依循適合自己的文化模式生活，而人之所以為人，全在於文化，文化越發達，就越有資格被稱為人。」可見文化是生活的一部分，也是人類所特有的特質，更是由「物性」提升到「靈性」層次的必要條件。一個文化的世界就是一個具有倫理背景的世界，即是有秩序、道德與美感規範的世界。而人類是生而自由的，充

分發揮「自我」是人的義務。因此，追求文化準則的前提即人
類必須在倫理道德上享有自由，而這種自由又是人性尊嚴的基
礎。所有的文化必須能讓個人的天賦盡情發揮，才能獲得團體
內分子的共識。

　　「個人」是組成社會的基本單元，「個人」也是社會關係的
一個根本單位，沒有個人，社會也就無法存在，同樣的，個人
也依存於社會，靠社會滿足人類的各種需求，文化明確規範社
會成員的言行舉止及生活方式，這套生活標準的灌輸多賴社會
化的過程。足見文化、個人與社會三者的關係相當密切。

4.2 文化的定義

　　文化是人類社會特有的現象，人類因為有了文化才從動物
界分離出來形成社會。沒有文化，社會也就不可能存在。文化
一詞，有廣義和狹義兩種理解。狹義的文化是指物質文化以外
的精神現象和精神生活；廣義的文化是指除了自然界之外人為
的事物。社會學所研究的文化是指廣義的文化，它是社會組構
的基本要素之一。正如同英國社會學家泰勒對文化的界說：
「文化是一種複雜的整體，包含知識、藝術、信仰、道德、風
俗、法律及作為社會一分子所獲得的一切能力。」換言之，文
化是人類生活方式的總體，是人們為求生存，根據既有環境因
素及成員特質所建立起來的。文化不僅是指人類在長期的社會
生活過程中創造的物質和精神的總和。也是指一定生產方式的
總和。文化既是一種社會現象，又是一種歷史現象。每一個社
會都有與其相適應的文化，並隨著物質生產方式的發展而發

展。文化也具有民族性，一定形態的文化總是存在於一定的民族範圍，並表現出各自不同的鮮明特徵。文化體系雖然是人類自身活動的產物，但同時也是限制人類進一步活動的因素。世界各國的文化向來是在相互借鑑中發展，只有不斷吸收和借鑑外來文化中有益的東西，才能使民族文化不斷改善和提高。

人們將文化定義爲社會發展的產物，是爲人們所創造出來的物質成果和精神成果的總和，這樣，文化便與自然物分離開來，成爲人類社會特有的東西。就此定義推敲，則可看出：

第一，從社會意識的觀點，文化是對社會存在的反映，是處在一定社會相互關係中的人們製作、創造和直接生產的。

第二，每一個時代的精神生活，構成該時代精神文化的內容。

第三，文化是人類活動成果，同時是人類精神、財富生產、分配和消費的過程。

第四，文化的核心是知識，爲人類認識世界改造世界的主要依據。

第五，人類的生活方式是文化水準的具體體現。

4.3 文化的特徵

文化影響個人正如文化心向一般，所謂文化心向（cultural set）是指在某一社會文化環境中長大的人，在生活習慣、言行態度及價值觀等方面傾向於接受該本土文化。文化的主要功能是調節與自然、個人與社會的關係。文化被視爲是人的社會活動，是人類特有的生活方式，就是說，文化是爲個體參與社

會，與他人互動的依據，而社會本身是文化的直接表現和具體作為。文化存在的方式和發揮作用的領域是文明。社會歷史過程要在物質因素和精神因素、人與自然、人與社會的相互聯結、相互作用的過程中才能達成，因而文化成為社會職能體系。文化是社會歷史進步實質的表現，顯示社會和個人之間的密切程度，文化的運作，影響著人的全面發展。換言之，文化是人類團體中普遍存在的人為現象，是人類為了求生存，以生物和地理的因素為根據，在團體生活和心理互動的過程中創造出來的人為環境和生活方式。文化被創造之後，由於人類心理傳授的作用，繼續存在，繼續增加，因而在時間、空間及內容上，會因不同族群而有其差異的現象。

有人類社群的地方就有文化的存在。就其特徵而言，則可歸結如下：

1.由於有人類社會的地方就有文化的存在，因此文化普遍存在於每個人類社會，是指文化的普遍性特徵。

2.文化的延續性優於個人的生命，所以文化是持續性維繫人類生存不可或缺的部分，是指文化的持續性特徵。

3.文化於代代相傳中，會逐漸累積文明成果，使人類生活能夠日新月異，是文化具備累積性的特徵。

4.文化包含人類一切生活的總稱，因此其內容廣泛，又由許多因素所構成，因此複雜性也是文化所有的主要特徵。

5.文化雖具備著持續性的功能，但其不會一成不變，而是會隨著時間與空間的差異而有所變化，這是文化的變易性特徵。

6.任何一個社會的文化對其成員皆有規範的作用，否則該行為便形成團體中的偏差行為，這是指文化的強制性特徵。

文化在這裡不是指人類行為及其成果，而是指人類所「學

習」的事。文化影響人們的價值標準、範例和準則而使行為方式標準化。文化是一種特殊的客觀現實，在社會中文化價值可以經由社會化或是教育被有目的地吸收。文化是超越無機的物質世界和有機生命世界之上形成的「超機物」。

就文化特徵而言，其具備普遍性，亦即中外古今社會皆具有文化，社會學家強調文化能普存於人類社會，是因為其提供了如下的功能：

1.文化成為區別族群的標誌：它成為人們辨別各民族的一個根據，比地域的疆界更為合乎現實，並足以提供事實的準據。

2.文化促使社會價值體系化：因為文化的內涵包蘊著整個社會的價值，經由學習文化，瞭解文化，使得個人認知到社會生活的意義和目的。

3.文化模塑個體的社會人格：一般而言，個體隨著參與社會的時間越長，社會化程度越高，則越容易形成社會人格，社會之間的互動也就越加和順。

4.文化提供人們互動的指導：文化是團體行為的一套標準，將個人與團體所有互動的行為變成有規範和協調的，因此有助於社會的運作。

5.文化促成社會成員的團結：經由文化建立所屬成員的共識後，將能提供團結最重要的基礎，使得成員具有相同文化認同性，產生「共同族群」的意志。

一般生物學家多半認為，動物的行為為天賦本能所限制，是固定的、刻板的，是不能自由變化的。人類的行為則不然，是不受其本能的限制，是富有彈性，是能嘗試學習、利用經驗，因此是變化無窮的。唯其如此，故人不但能創造文化、傳授文化，更能累積文化，而使文化隨著環境與時空的變化而日

新月異的發展。現代社會的文化系統是一種生活的重要機制，文化不僅反映社會互動的規範，同時又能調節個人於社會中適切的需求，以延續個人生命及社會的發展。

4.4 文化的內涵

人類文化分成物質文化和精神文化，兩種文化都是整個文化體系的組成部分，物質文化和精神文化實質上是人類存在和活動的方式。文化綜合人類的過去、現代和未來，給人類的歷史活動造成一個人為的生活世界，人們的歷史活動離不開這個世界。依據社會學家烏格朋（Ogburn）的見解，將文化就展現方面區分為物質的與精神的兩大類；就組成結構區分為文化特質、文化結叢與文化模式等三大類。

一、依文化表現區分

（一）物質文化

凡人為所創造有形、具體的實物，均可稱為物質文化，其內容有：

1.調適於自然環境而產生的：如衣服、房屋、橋梁、道路、器具等。

2.調適於社會環境而產生的：如國旗、黨旗、徽章、印信、紀念碑、報章等。

3.調適於物質文化而產生的：如打字機、印刷機、升降機、

起重機,以及碗、筷、刀、叉等皆是。

(二) 精神文化

　　凡人爲所創造的抽象事項,均屬於非物質文化,其內容爲:

　　1.調適於自然環境而產生的:如科學,是人類對於自然環境的一種系統說明。自然哲學,是人類對於自然環境的一種系統解釋。宗教,是人類對於自然環境的一種信仰表現。藝術,是人類對於自然環境的一種欣賞與描寫。

　　2.調適於社會環境而產生的:如語言,是人類共同生活時交換意思的工具。風俗,是人類共同生活時所採用的共同行事規則。道德,是人類共同生活所公認的行事規範。法律,是人類共同生活時爲維持秩序所制定的行事規則。

　　3.調適於物質文化而產生的:如使用機械器具等的方法。一輛汽車,是一種物質文化,駕駛此汽車的方法,是一種非物質文化。

　　此類精神文化,必附屬於物質文化,二者不能分離。此種文化分類,雖不能說是完美無缺,但以此概括文化內容,或亦足以瞭解文化內容的廣泛。人類社會除自然環境與純粹生物的現象外,全屬於文化範圍。於此更可見人類生活與文化關係的密切。

二、依文化結構區分

　　由於文化所包括的有知識、信仰、藝術、道德、法律、習慣等等,其內容非常廣泛,就結構的觀點,對文化組成的要素

加以區分：

（一）文化特質

是組成文化的最根本單位，好比生物的細胞。它可以是具體的或抽象的，前者如筷子；後者如握手。文化特質的來源有：(1)累積傳遞；(2)自行創造；(3)相互採借；(4)改良變更。

（二）文化結叢

是許多特質的一種聚合，多半是以某一特質為中心，在其功能上與別的特質發生連帶的關係或構成一連串的活動。例如：東方的米食結叢係指以米為中心的一套活動，如耕田、播種、收穫、舂碾、煮飯、碗筷，以及其他有關的東西。文化結叢是人類活動的一種體系，同時也是社會行為的客觀表現。

（三）文化模式

是文化各部門的互相關係所構成的全形。例如：中國的文化模式主要特徵是農村經濟、家族主義、祖宗崇拜及人倫的注重，這些互相聯繫便造成中國文化的獨特方式。

4.5 文化的差異

文化雖普存於人類的社會，但因每個社群受到地域環境、歷史發展、族群種性、科技運用等的差別，因此也出現了不同的文化形式，我們將這種現象稱為文化差異。社會學家關注文化差別的現象，並且分析其可能的原因，而提出下列的看法：

一、種族決定論

　　認為一個族群的文化主要產生於組成該社群的種族。因為一個種族具有相同的遺傳因素，所以常有某些特殊的文化特質，其組構的文化模式，自然有別於其他種族。文化與種族具有直接的關連性。文化水準高的種族是因為它的智慧高、天賦好，文化程度低的是因為它的智慧差、品質劣。這種觀念推到極致，甚且出現如法國葛皮納（Cobineau）所主張：只要種族純粹，其全體分子的思想根本上是相同的，血統混雜則觀念亦必不同，於是產生衝突，歷史上只有白種人能創造高尚的文明。這種學說成為白種人優越論的濫觴。

　　其後研究者雖承認文化與種族的關係，但是不論就智力的高低、人類歷史、地理環境等因素，並無法證明白種人是人類最優秀的種族。堅持「種族中心主義」易產生文化偏見，使文化僵化，且引起衝突及造成社會孤立的情況。

二、環境決定論

　　抱持這種環境決定論（Geographical Determinism）主張的是英國人孟德斯鳩（Montesquieu）和卜克爾（Buckle），他們認為：文化和人類生活方式是由地理環境所決定，如生長於熱帶的民眾較為熱情，生產木材多的地方居民善於木工，沙漠地區使其居民容易有宗教的神祕信仰。所以各地方人民的風俗、習慣、信仰及制度等的差異，乃是由於地理環境的不同所導致，甚至一個民族或國家文化之興衰、世界文明的變遷，都是源自

環境因素影響，甚至認為考察地球的緯度，緯度的差異實質就是溫度的差異。溫度的差異，對於社會能發生種種不同的影響：生活在北半球寒冷地方的人，一般體軀魁偉而有精力；生活在南半球炎熱地方的人，則體軀矮小而多才智，至於位居南北之間的中部民族，多與其幼年、中年及老年之性質相適應。由於性質的不同，其統治國家的精神也不相同。地理的經度，決定民族的特性，西方民族多是北半球民族的性質，東方民族多是南半球民族的性質。總之，由於地球經緯度的不同，由於氣候、土壤、海洋、河川等的不同，就產生出各種民族不同的特徵風俗、習尚、宗教與社會制度，因而形成了各式各樣的社會。這就是所謂環境決定論或地理決定論的主張。即主張人係以地理環境來解釋一切社會文化現象。

三、文化決定論

持文化決定論（Cultural Determinism）此觀點者，強調文化對於人類生活的一切行為不僅是影響而已，並且還有決定性的作用和塑造人類心智的力量。因為文化是人類社會普遍存在的現象，所以文化決定民族的特質，而非民族決定其文化。正如懷特（William H. White）所說：「人類行為，應依照他們的文化來說明，而不應求之於人性或是心理傾向。任何民族的一切思想、感覺及行為都是由文化所決定的。」這就是文化決定論的精義。極端文化決定論者把全體人類的行為都看成是由文化傳統的各種特點所決定的。反對文化決定論者認為：文化是不能離開人而存在的，人類的行為及品格是由文化的、社會的、經濟的以及人類體質的各種因素相互作用的結果，文化僅是其

中之一，所以我們不能說人的一切生活行為都是由文化所決定的。

四、文化相對論

文化相對論（Cultural Relativism）與種族中心主義相對，指一種強調每一個不同文化都有其獨特價值標準的觀點和理論。它認為每一種社會的文化都是該社會與其特定的環境相調適的產物，只有理解了這一特定的環境，才能理解和評價該文化的結構和內容。要判別某一文化特質的優劣，也沒有一個統一的標準，必須視這一文化特質在整個文化體系中的作用而定，必須將其放在特定的環境中評述，在某一文化中被認為是好的，而在另一個文化中並不如是，反之亦然。比如，愛斯基摩人將喪失勞動力的老人處死的作法，對於其他民族來說是殘酷的謀殺行為，但愛斯基摩人卻認為是必要的、恰當的。文化相對論認為，一切道德評價都是相對的，各種文化都有它相對的價值，不應該以自己的文化標準來評價別的民族文化的價值。只有深入研究各民族文化的思想，並把它們的文化價值列入客觀研究範圍，才能建立嚴格的科學。這種思想到1940、1950年代發展成一種相對主義的文化理論，強調判斷是以經驗為基礎，而對經驗的感受則是視人所受的文化教化而定；每一種文化都具有獨特的性質和充分的價值，不能以歐美文化的價值來評價其他民族文化的價值。

文化的基本表現在凝聚社群並形成生活的傳統。但文化並非凝固不變的東西，它有其形成、發展、演變過程。文化傳統在塑造人、造成人的社會實質同時，也被人引伸和再創造。文

化形態可分爲知識、價值、思維、習俗等因素，它有封閉性、
能動性、實踐性、改造性等性質，它使人們產生共同的思想、
心理、語言、共同的信仰、價值觀和行爲規範，成爲群體的一
種巨大向心力。文化不但具有多樣性，而且還具有人類的同一
性，一切文化是統一的全世界歷史過程的一個環節或部分。各
個文化區域所形成的文化樣式，將隨著文化聯繫、傳播、交流
和吸收，被納入日益擴大的客觀必然的文化綜合過程。每一種
社會形態都有自己作爲歷史整體的文化類型，因此強調文化個
案研究（Culture Case Study），亦即從文化個案出發以探討社會
基本特徵的過程，這是美國社會學家貝克（H. Becker）提出
的。他認爲，文化個案是一個相對獨立的整體，經由文化個案
的研究、考察和分析，可以看出整個社會基本特徵及其意向。
爲此，他認爲文化個案研究應該將非物質文化的各個方面分成
不同類型，根據假設定出某些標準，然後對這些文化個案進行
研究、分析、比較，驗證其假設是否正確，從而看出文化個案
與整個社會整體的相關程度以及整個社會的基本特徵。

　　總之，文化差異係研究人類文化的形態、價值、結構、功
用及發生規律，立足於探討社會中人與文化的關係。綜上所
論，文化是人造出來的，可是它一經產生，便反過來對人發生
重要影響。

4.6 文化的影響

　　文化與人類生活關係密切，就社會學的角度分析則可發現
文化對於人類社會生活的影響包括三個部分：(1)文化對於個人

的影響；(2)文化對於社會的影響；(3)文化與社會改造的關係。

一、文化對個人的影響

(一) 個人的物質生活與文化的關係

　　個人的物質生活，無一不受社會上文化的影響，衣、食、住、行以及日常生活，幾乎沒有一件事不爲社會上物質文化所控制。社會早爲個人規定了許多行爲標準，個人衣服的形式，依照社會上流行的樣式；衣服的材料，採取社會上共同取用的質料；穿衣的方法，更衣的季節，都是依據社會的習慣。除了社會對於衣服有相當規定外，食物亦是如此，食物的種類、烹調食物的方法、飲食所用的器具與方法，都是依據社會上通行的慣例。住屋亦是如此，住屋的材料、構造與形式，是依據社會流行的慣例。人際往來與載運貨物的交通工具，如搭船、乘車、坐飛機，亦都是依照社會上規定的方式。至於日常用具，如家具、陳設以及隨身所用的物件等等，無一不是採取社會上現成造就的實物。是以一個人的物質生活沒有一處可以與文化脫離關係。

(二) 個人的精神生活與文化的關係

　　一個人的非物質生活，與文化不能分離。待人接物的方法、婚嫁喪葬的禮節，都是依照社會上通行的慣例。一個人所用的語言、文字以及與人互動、溝通、聯繫時的方式，發表意見時的程序習慣，與他人共同做事的態度、動作，滿足物質需要時的手續與形式，處理出生死亡的程序，婚姻締結的手續，

以及男女居室時的態度行爲等等，無一不受社會上現成規定的方式左右。可知個人的精神生活亦處處受文化的影響。

二、文化對於社會的影響

社會原是一群人，不過此一群人，不止於個人機械的集合。就動態方面說，社會是表現共同行爲的一群人；就靜態方面說，社會是擁有共同文化的一群人。合起來說，凡具有共同文化，因而表現共同行爲的一群人，就是社會。社會之所以成爲社會，不在其集合有機的生物個體，而在此種生物個體的人，具有共同文化而表現共同行爲。所以簡單的說，除開文化，就沒有社會，社會就存在於文化。不過僅有文化，亦不能成爲社會，必定是具有文化的一群人，方成社會。總之，社會固然不能脫離個人，而尤不能脫離文化，所以說社會是文化的產物。

(一) 社會變遷與文化關係

社會既然是文化的產物，那麼，除開有機的生物個體以外，社會只有文化與在文化範圍內所表現的人的行爲才能形成社會。換言之，一個社會除了生物單位的個人外，必須要有文化，所以社會變遷，除了是人口性的生物變動外，尚有文化變遷。我們試想，我們所知道的社會變遷，除人口外，還有哪幾方面不屬於文化的範圍？因爲社會的物質設施，如衣服、食物、房屋、陳設、用具、機器、運輸的工具、製造貨物等等的內容與形式，較容易隨科技文明而產生變遷，連帶的會使精神文化也對應改變。

我們知道，社會文化的變遷，有發生於新科技的創造，有起於新文化的輸入，或源於相互間的接觸與傳播，抑由於文化累積達到成熟的結果，或來自有意的引進輸入的結果，其皆不脫離文化的影響，於此可知，文化與社會變遷關係非常密切。

(二) 社會問題與文化的關係

社會問題，就是在社會變遷時所發生的問題。從主觀方面說，社會問題產生於社會上人們不滿意於社會現狀而認為必須調整改變時。換言之，社會問題出現於社會態度變遷的時候。從客觀方面說，社會問題源於社會制度不能適應社會變遷以及社會上文化失調。

一個社會常包括許多部分，而此許多部分常常是相互調和適應的，但是當社會變遷的時候，文化各部分的變遷常常不是一致的，有的部分變遷很快，有的部分變遷很緩慢。在此種文化變遷或快速或緩慢的時候，文化的各部分便不能互相調和適應，此種現象稱為文化失調，這時所發生的問題，就是社會問題。故社會問題與文化調適有著密切關係。

三、文化與社會改造的關係

我們知道，個人的生活完全受文化的支配；社會的維持與變遷完全憑恃文化為樞紐，如此文化與人類社會有相當密切的關係，可以推想而知。社會生活既完全受文化的支配，因此當欲改造社會時，即是在改造文化。

通常對於社會改造，有各種不同的學說，其主要者為種族改造說、人心改造說、經濟改造說。茲略述如下：

(一) 種族改造説

主張種族改造說者，以為社會的好壞源於人類先天的特性。進步的社會，由於先天優秀的人所造成；不進步的社會，由於先天惡劣的人所造成。所以改良社會，就在一方面淘汰先天惡劣之人而使之絕種；一方面鼓勵先天優秀的人相互結合，使之繁殖，以為如此，即可促使社會進步。一般優生學者即主張這種說法。此學說的缺點在於誤認文化特點為先天的生物要素，而欲從生物遺傳方面去改造文化，忽略社會環境與文化學習等因素對個人的影響。

(二) 人心改造説

主張人心改造說者，以為社會的好壞由人心造成，人心好，則社會自然能健全發展；人心壞，則社會自然頹廢，所以要改造社會，在於改造人心。此學說的缺點，在於認為人心為獨立存在的勢力，以為人心是社會的主宰，可以支配社會上一切的現象。其實，人心乃是文化的產物，人心雖有時可以影響文化，而人心的活動往往無法超越既有文化的範圍之外，人心絕對不是一種完全獨立自存的力量。所以欲改造人心，亦必須注意興革文化。

(三) 經濟改造説

主張經濟改造說者，以為社會的發展與否，全以經濟要素為基礎。經濟要素，尤其是生產技術的發展狀況，可以決定社會全部的狀況，所以要改造社會，即在改造經濟組織。經濟組織優良，社會即優良；經濟組織不良，社會即窳敗。大部分社

會主義者，尤其是馬克思主義者相當篤信此說法。該學說的缺點，在於誤認經濟要素爲社會唯一的支配力量，而不知經濟要素固然重要，在經濟要素以外，尚有其他力量可以左右社會的勢力，有時並不亞於經濟要素。故欲從經濟要素方面下手，去全盤改造社會，必有所不足。

　　總之，欲根本改造社會者，必須從社會的根本要素——文化著手。物質文化方面，改造社會的物質生活；非物質文化方面，改造社會的精神生活。物質方面的改造，就在改造食、衣、住、行以及日常生活等等的內容與形式，以及發展此種改造的知識。非物質方面的改造，就在改造風俗、制度以及發展此種改造的知識。能從物質方面與非物質方面，雙方施行改造的工作，隨諸文化改造，人心亦可改造，其他經濟、政治、教育、法律等等的狀況亦同時改造，而社會即達成改造的境界。

　　羅馬的名言「智慧文化即哲學」一語，意指：文化的內容是用以改造、完善人的內心世界，使人具有理想素質及培養、教育、發展、尊重的意義，表示人們的生活和活動達到一定的發展水準。另外，人們對文化概念，也同時是指人對自然有目的的影響和改造；從人自身塑造而言，是指人對自身精神、生理和心靈的培育，人類爲了提升自己的本性而增進知識。因此，歸結而言：「文化是社會所創造的，也是人和社會生活一切的總和。」文化被解釋成一切民族都具有的歷史進步現象，表明人類具備了社會生活的準則和公民道德。

　　美國哈佛大學的國際知名生物學家威爾森（Edward Wilson）曾主張，一個社會的財富可分爲三大方面：經濟、文化和生態。當前社會所面臨的許多問題其根本原因，便在於我們只著重經濟的財富，而忽視甚至摧殘其他的財富。台灣需要

的已經不再是單一的經濟財富，而是彙集於文化和生態財富，以及靠後兩者提升的生活品質。人類非若動物之直接依賴物質環境以維持其生存。世界性之分工，使人類與其物質環境的關係，因他人之種種發明而大為改善。發明是累積的，發明越多，即是人類改造環境之能力在增進之中，最後人類在生物社區的基礎上建立一個文化結構。

　　在中國古語中，文化本來是指「文治教化」，與武力征服相對應。「文化」一詞可追溯自《易經》上所記述「觀乎人文，以化成天下」的所謂「人文化成」，它包括詩、書、禮、樂等文化典籍和禮儀風俗在內的社會生活各方面因素融凝會合而成的文化。文化與整個社會的消長息息相關，面對未來社會的發展，我們宜強化文化功能以提升生活品質。

5. 社會教化與人格陶養

要正確的進行道德教育並不是一件容易的事，因此在品德教育中，需要鑽研、動機、忍耐和自制，既要分析社會大眾行為的動機，也要探索自己的動機，不斷改進教育的方法。

赫伯特・史賓塞

　　2004年3月美國《紐約時報》以「倫理問題如何傳授」爲題，大幅報導了十餘所高等教育學府有鑑於社會風氣的需要，特別增設「倫理」必修課程，強調倫理與品德是二十一世紀企業、學校、機關、政府、組織經營管理的圭臬。這種對品德教育的重視與振興，已逐漸成爲社會化的重要內涵，並且爲人格陶養的核心價值。

　　《天下》雜誌於1999教育特刊 （1999年11月20日） 特別調查「學齡前兒童養育與親子關係」，調查顯示現代台灣父母都希望當個好父母，他們知道幼兒發展的重要性，希望孩子有健全的人格，卻不知道應該如何教養幼兒，在認知與行爲上就顯現很大的差距，例如：七成父母認知零歲到六歲是影響孩子一生最重要的階段，許多人也希望有更多時間陪小孩，但父母卻將最多陪小孩的時間用在看電視，近一半父母很少講故事。整體來說，現代父母比上一代更願親近子女。雖然有心做好父母，但顯然台灣的父母不知教養幼兒的方法。兒童心理學認爲：許多父母把電視當成廉價的保母，但若父母有心教出高EQ的孩子，就必須嚴格限制孩子看電視的習慣。

　　父母養育子女最感到挫折的是，沒有更多時間陪小孩與缺乏適當的管教方法，再次爲與長輩的管教方式產生衝突，第三爲經濟負擔太重，第四是孩子表現不如別人的小孩，其他則依序是找不到適當的托育服務，缺乏足夠的育兒資訊，缺乏足夠的社會支持。

　　在社會邁向現代化過程，社會化肩負著國民素質培育的重要機能。盱衡社會發展，我們亟須孕育人們擁有慈悲、善念、關懷、誠實、包容、愛心、視野、胸襟、品德等優質倫理。這些群我倫理的落實，無不依恃社會化的篤行作爲，因爲社會是

各種人際關係的總和，亦是人們互動交往的產物。社會的存在
和發展，決定於人們所處的社會環境及謀生的方式，此種謀生
的方式深受社會化的影響。人的社會化，就是指一個人從自然
人成為社會人，發展自己的社會性。要成為一個符合於社會要
求的社會成員，就必須學習和掌握所屬社會長久積累起來的文
化知識、生活技能、倫常事理，並且按照社會規定的倫理行
事。因此社會化對於個人及社會的影響既深且遠。

5.1 社會化與人格

「社會化」對於個人的人格陶養具有特別的意義，因為如同
社會學家羅斯所言：「社會化即是學習社會與文化的信仰、價
值、規範與社會角色的過程。」社會化即為個人將其團體規範
內化的過程，經由這個過程乃有自我的出現，以區別個人的獨
特性。其是一種過程，個人由此成為其所屬社群的一分子，即
是他的一舉一動符合於該社會的民俗民德。社會化過程是社會
代代傳遞、文化永存的基礎，個人透過社會化始具有人之心
性、人格。因社會化使個人與社會及精神合一，文化的觀念情
操也與個人的需要能力合而為一，所以詹火生教授認為：「社
會化是將『生物的我』轉變為『社會的我』的一個過程。換言
之，就個人而言，社會化是協助或強制個人發揮潛能，促成自
我的覺醒。」（詹火生，1986：124）

歸納而言，社會化即是「個人學習社會規範與期待的過
程。就是一個人學習或受社會影響而成為一個社會所能接受的
人的過程」（葉至誠，1997：168）。綜上所述的定義，吾人可

以歸納出社會化包括下列的性質：

一、形塑社會成員

人之所以為人，乃因其具有人格，人格的形塑雖具有生物因素或人類遺傳的根據，然而其所表現的方式和性質，則與團體生活有密切關係。諸如「因飢而食」是個體的生物本能，但是食物的選擇、烹調的方式、用餐的規範、食物的獲取等，隨著不同族群便有所差別，因為這當中便包含了社會化的過程。

二、制約個人行為

社會化實現了個人潛能，並完成個人發展的過程，因為社會化帶來的文化規範和約束，一方面制約和訓練個人的行為，使其成為社會中的成員；另一方面則藉由文化的傳遞，使個體獲得諸多社會技能，有效發展個人的人格，使個人透過這樣教化的途徑克服本能上的障礙，進入有組織的社會生活方式，成為社會的成員。

三、個人主觀吸納

當我們生存於團體生活中與別人互動時，便無時無刻不受到其他成員提供資訊的影響，然而這些資訊的呈現是否會納入我們生活的部分，則視當事人的接納情形而言，如果個體將之併入自己的人格或生活的部分，便使得社會化過程得以完成。其間則端賴個體主觀上的吸納，同時社會對個人傳遞文化、意

識態度、價值觀念、行爲規範或生活方式等，也運用酬賞原則加以影響，使個人爲求團體認同、接納必然予以學習、採擇，而個人因社會化而進入有組織的社會生活方式，是以社會化具有客觀影響的特質。

　　人出生時只是一個帶有濃厚生物性的有機體，並非是一個訓練有素的社會成員。其後逐漸接受社會的教養，與別人接觸，習得所屬團體的價值、態度、觀念及行爲模式，並且遵守社會的規範，確立了社會的地位與職務，才成爲一個有人性有人格的社會人，也就是社會化的成員。所以社會化可說是社會對個人傳授其文化或生活模式與團體價值的過程，也可以說是將新生的嬰兒模塑成爲一個社會分子的過程。若無社會化，社會就不能永續，文化也不能存在，個人更不能成爲有人性、有人格的人。因此，社會化實在是人格發展與表現的基本歷程。大凡越社會化的人，則越能適應團體生活和社會環境，越容易與人相處，從團體的標準來判斷，他的人格也一定是正常的。正如同希臘聖哲亞里斯多德（Aristotle）所說：「能不在社會裡生存的人，不是禽獸就是神明。」社會學證明人不能離群索居，人是依賴團體、社群而存活，正說明社會化對團體的重要性。經由人類學的文獻研究發現：自羅馬時代起到現代曾發現的三十多個「野人」，似乎更令人們相信亞里斯多德所言爲眞。我們可以更加清楚瞭解「社會化」對個體的重要性，因爲其建構了人們的人性以適從社會而生活。就如同社會學家顧里所言：「人性，是指人類具有優於一般動物的那些情緒和衝動，並且使其屬於全體人類，而不專屬任何一個特殊的種族或特定時空環境。人性特別是彰顯於同情心與含有同情心的許多情緒，如愛情、怨恨、奢望、虛榮、崇拜，以及社會的是非感

覺。」(Cooley, 1966: 82)

社會化是使生物的個體能順利納入社會而營造群體生活。是以社會化不僅對個人的生存和發展是必不可少的，而且對社會的生存和運作也有其貢獻。社會化的目的大致上可分為下列數端：「訓練社會角色」、「灌輸社會規範」、「培育社會品格」、「教導個人技能」、「引發個人抱負」。總之，社會化的功能乃在形塑「真實的我」以調適個體的生物特性，俾便納入社會生活。換言之，社會化是將「生物的我」及「理想的我」轉為「社會的我」、「實在的我」。

5.2 社會化的原因

社會化是個人改變成適合組織生活與文化傳統的過程，另一方面，它是動物界有機組織變成人類並獲得自我的過程。因此，社會化代表兩個互補的過程：社會及文化移轉的轉移與人格的發展。社會化是人類社會的建立與存在的重要力量，其維繫的基礎是因為：

一、本能的缺乏

人類像所有的有機組織一樣，具有許多本能的內在心理的反射動作，例如：嬰兒吸吮、眨眼或流汗。如果人類僅具有本能的生物行為模式，人類的學習能力將會被限制住，而不能接受社會化。人類所具有生物的內驅力，如飢餓或性慾，是一種有機體的緊張狀態，它會造成不舒服或衝動，內驅力如果沒有

學習過程的引導，就只能產生不安與尋求的行為。

二、生物的依賴

一個新生兒的生存完全要依靠他人，因為他缺乏本能與自動的行為方式，以確保自身的安全、生存及與他人合作。兒童在新環境裡需要依賴他人，來滿足他的基本需要，如果兒童要生存，母親或其他代替母職的成年人，必須經由餵食、保護及不斷照顧的方式來達成。

三、發展的需要

人類的接觸不僅是物質的滿足，社會及心靈的安寧與發展也是必需的條件。當嬰兒成長時，他的內在傾向及社會經驗都會影響其人格的發展，如果沒有人類社會的接觸所提供的社會經驗，對個人的人格發展會有嚴重的損傷，甚至無法參與社會的工作，因為他是缺乏社會化的人。

四、自我的獲得

個人是經由社會化而獲得社會自我（個人身分或社會角色及其他特徵），當一個嬰兒被社會化後，他就從一個生物有機體轉變為一個社會人。換句話說，人格與自我的發展是源於個人的成長、互動，並從他人那裡學習文化的規範、價值、態度及信仰而形成的。

五、文化的轉移

社會化之所以重要，係因它是人類文化從一代傳遞給下一代的過程，也是新生分子適應社會的過程。社會化涉及若干社會角色及生活技術的學習，而使人能執行工作，取得需要的滿足。除非文化的組成要素，如知識、技術、角色等，能傳授給他們，否則新生分子是無法順應物質生活或社會環境的。

5.3 社會化的形式

社會化的順利展開，有五個交互作用的基本元素：(1)生理限制；(2)社會文化；(3)當時情境；(4)過去經驗；(5)社會互動。而就其中的融合過程（fusion process），貝克（E. Wight）強調，社會化的形式是指組織內兩個過程同時運作：

一、社會化過程

給予成員的持久壓力，以使其整合於組織的需要，且使社會化過程的代理人能持續模塑其行為，使合於組織內對該成員角色所做的期望和要求。

二、人格化過程

組織內部分成員在社會化的同時，持續努力以實現其個人

的目標，在組織內達成自我表現。

至於社會化的要件，則包括：(1)個人；(2)社會成員；(3)社會互動。班度拉（A. Bandura）認爲社會化有三階段：

1. 注意到模仿對象的行爲。

2. 將注意到的行爲保留在腦海中。

3. 將保留在腦海中的行爲意象展現於人際互動。

5.4 社會化的機構

社會化機構就是那些對社會化產生作用的團體或組織，社會化的執行乃是經由這些機構的運作方能產生對個人的影響力。由於一個人的社會化及其社會角色的學習都是終生的歷程，只是每一個人生發展的階段有其重心和特徵，因此影響該階段的社會化單位可能有所不同。例如：嬰幼兒階段家庭扮演最根本的角色；青少年階段家庭與同輩團體與學校其影響性較深遠；成年階段則深受職業團體和大眾傳播媒體的影響。本節將深一層分析其內容。

一、家庭

家庭不僅是個人社會化接觸的最早單位，也是最重要的單位。當人類誕生後，多半是由家庭負起哺育、養育、教育的責任，是以家庭在左右個人人格發展，塑造個人的態度、信仰和價值上，成爲重要的引領者。透過父母兄弟姊妹的互動，個人得以漸次成長、參與社會，也只有在家庭，兒童才能滿足一切

需要，同時也經由家庭認知並學習社會角色，於是兒童獲得了控制其行為的有效指導原則。佛洛伊德 （Freud） 的人格理論特別強調家庭是決定兒童性別角色的主要社會化機構，更宣稱家庭提供了一個人人格形成、人格社會化及人格發展的中心。

二、同儕團體

所謂同儕團體，是指年齡、性別與社會身分相若，眼界和看法較為一致的團體。這種團體於個人成長的過程尤其是青少年階段，對人格的形成有重要的影響性。正如同心理學家皮亞傑（Jean Piaget） 指出：「兒童在同儕團體中的互動，對其道德的全面發展，具有重要的意義。」（蔡文輝，1992：182）因為同儕團體與家庭或學校不同，其特色為同伴相當平等，由於可以學得交易和合作的真正意義，也可以享受父母和教師所禁止的事情，所以容易得到參與者的高度認同。如同社會學家李斯曼 （D. Riesmen） 認為：「除了家庭之外，同儕團體可能是在個人生命裡最具影響力的社會化機構。」（謝高橋，1982：166）

三、學校

隨著人們接受教育的時間越來越長，是以學校在社會化的過程中扮演著舉足輕重的角色。學校是一個準正式的社會化機構，要求學生服從正式的規範，服從老師，服從校規。因此，能培養兒童遵守統一的價值和組織的生活，以邁向成人社會的模式。學校的社會化教育，強調個人調適於非私人規則與權

威，這種調適是個人適應社會生活的必要條件。

四、傳播媒介

在現代社會中，大眾媒體成為人們生活中不可或缺的機構，諸如電視、廣播、報紙、雜誌、網路等等，它們不僅提供資訊的來源，同時是人們形成思維判斷、產生觀念價值、社會行為模式的主要參考單元。經由研究發現：媒介是人們獲得偶然學習的主要來源，並且當人們必須界定他們自己的行為時，從媒介產生的內化標準指導著行為者的互動。

五、職業團體

就現代生活而言，職業團體成為越來越重要的社會化單位。不僅是職業在個人生涯上是相當長期的，同時因為職業與我們生活息息相關，也成為形塑個人社會角色的重要機構。一個人進入職場即是要經歷職業生活，發展各種工作技術、態度和個人生活方式，建立職業目標，在職業生活中，許多人乃逐漸形成其職業人格，以適應其工作環境。因此使得職業態度內化為個人人格的一部分，並且影響日常生活。

5.5 社會化的理論

社會學家認為人格是一個人的特性及價值的總體，此種特性與價值深受社會文化的薰陶。由於行為科學研究者的貢獻，

使得人們對於社會化理論有更為深入的探討，並進而對其性質、起源、功能及內涵，有更為深入的瞭解。較為著稱的包括：

一、顧里的「鏡中之我」理論

顧里提出「鏡中之我」（looking glass self）的概念。他認為我們如何看待自己，是受我們如何考慮他人觀察我的內容所影響。例如：我們為什會覺得自己能幹，是因為周圍的人都給予如此的評價。我們對自己的印象是從別人的評估裡得來的，正像我們從鏡子裡才能看見自己的影像一樣。顧里認為每個人都是另一個人的一面鏡子，在「鏡中之我」有三個因素：

1.想像我在他人心中的形象。

2.想像他人對此形象的評價。

3.由此形象產生自我的感覺。

顧里深信，最為主要的自我形象形塑是發生在初級團體。故一個人的自我形象與自我觀念的建立皆須靠他人協助，且以他人的標準來比較。自我乃由他人反應中學習而來，故別人對我的反應即是自我的一面鏡子。

二、米德對社會化的理論

米德對自我的形成，建構了豐富的理論，影響較為深遠的包括：

（一）概括化他人 （generalized others）

　　一個人於社會互動中，自他人的行為與態度建立自我，形塑自我意象，將社會態度內化，並經由概括化他人的過程，發展出複雜而完整的個人，因此，只有「概括化他人」的過程被內在化之後，成熟的自我才會產生。「概括化他人」是指兒童對團體組織的初步角色反應，由於兒童的自我形成往往來自於其接觸最為頻繁、影響最為深遠的家庭與父母，因此父母的態度與家庭成員及親屬的態度和享有的次級文化，便成為兒童社會化的來源。

（二）有意義他人 （significant others）

　　在社會化過程中，由於個人的喜好、接觸的頻繁度，甚至是「選擇的親近性」，使得在學習過程中有特別重要影響性的他人，其對於個體有長遠深入的影響力，米德稱之為「有意義他人」。

（三）主我與客我 （I and me）

　　自我是個體尚未被社會化，易衝動及有創造力的部分，這就是「主我」。主我代表自我未被組織與指導的趨勢與傾向。而經由社會化的過程與學習制約薰陶下的自我，就是「客我」。客我是由他人的社會態度內化或組織而成的，常優先考量他人的意見。

三、佛洛伊德對社會化的理論

佛洛伊德認為人格分為本我、自我及超我等三個主要部分，而社會化即是將「生物的我」與「道德的我」整合為「真實的我」的過程。

（一）本我（id）

即「生物的我」，以追求快樂為原則。個體具有原始衝動，包括各種生理需求，遵循享樂原則，追求立即、完全的滿足。

（二）自我（ego）

即「真實的我」，以達成現實為原則。個體在現實環境中尋求個體需求的滿足，是調和本我與超我直到合適的情況。

（三）超我（super ego）

即「道德的我」，以追求完美為原則。個體經由社會化過程提供合於社會要求的規範，並管制和壓抑本我的衝動，遵循道德原則以明辨是非。

四、艾力克遜對社會化的理論

艾力克遜（E. H. Erikson）主張社會化的過程並不僅限於佛洛伊德的幼兒期階段，人生的每個階段皆有其心理危機，也有個體所認為的重要關係他人，這些重要關係他人影響著個體的社會化，其將人類成長分為八個階段，每一階段有其發展危

機，即面對生命中主要難題的時期。每一個階段能否成長和衝破難關，取決於每一階段的成長和解決問題的程度。

（一）嬰兒期

出生後頭一年，信任與懷疑。

（二）幼兒期

二至三歲時，自主與害羞。

（三）遊玩期

四至五歲時，自發性與罪惡感。

（四）學齡期

六至十二歲時，勤奮與自卑。

（五）青春期

十二至十八歲時，認同與迷惘。

（六）青年期

十九至三十歲時，親密與對立。

（七）壯年期

三十至六十五歲時，新生感對停滯感。

（八）老年期

六十五歲之後，整合對失望。

五、皮亞傑對社會化的理論

皮亞傑認為認知發展是一種社會和心理現象，對於人格發展和社會化理論有深遠的影響。認知論的中心思想，就是在刺激與反應之間，設置一個認知過程。刺激並非自動引起反應，而是經由個體對刺激組成，所以，學習就是對刺激與刺激之間關係的認知，單憑對經驗的知覺，不必透過反應，亦可產生學習。皮亞傑所分四個認知發展階段包括：

(一) 感覺運動期 (sensorimotor period)

從出生到兩歲。智力主要是對事物感覺和在環境中運動而產生出來。這個時期嬰兒逐漸瞭解自我，能區別自己的身體和環境，這種認知發展（目標的持久性）同時亦配合著嬰兒情緒的發展（即信任）。

(二) 前運作期 (preoperational period)

兩歲到七歲。主要智力成就是語言。這個時期最重要的是學習語言，語言使幼兒與其他人交往、思想、陳述外在環境、過去和未來，幼兒亦藉語言去表現其心理經驗，評斷自己。總之，由語言的使用，幼兒可以描述目標和經驗的心理景象，擴大其生活領域。

(三) 具體操作期 (period of concrete operation)

七歲至十一歲。擅長具體性思維（有實例展示），不熟悉抽象思維。兒童思想漸趨成熟，他們開始運用工具，瞭解因果法

則，區別事物及思考各種邏輯關係，這些心智發展是他們歷經
各種經驗的直接結果。在此時期，兒童的一切想法皆以具體爲
主，即他們只對眞實物體和情境加以反應。這種具體性也使兒
童評鑑物質大小和各種客觀的成就。兒童也會與其同伴相互比
較其身體與反應，產生自傲、自卑的感情。

（四）形式操作期（period of formal operation）

十二歲以上。有能力進行抽象思維。青少年時期開始發展
抽象概念、理論和普遍原則，並且自己創造各種假說。青少年
抽象思考的發展是一種情緒的結果。他們依情緒的好壞對人物
產生直接反應。

皮亞傑強調兒童在不同階段有不同的思維方式，這些認知
發展既是純粹成長的結果，亦是反映文化和社會化的影響。皮
亞傑曾說：「各種不同階段是兒童與其環境互動經驗的產物，
經驗導致兒童自我認知組織的重建。」（謝高橋，1982：182）
可見認知發展是個人與其環境交互影響的結果。

六、孔伯格對道德發展的理論

孔伯格（L. Kohlberg）認爲人對道德問題之思考，不只是
文化思想的結果，亦是情緒的成長、認知的發展而來。孔伯格
將兒童道德發展分爲三階段：

（一）道德前期

1.避免處罰：以行爲對身體的結果來判斷行爲的道德性。若
做某件事後遭到處罰，則會認爲不該做它。

2.獲得獎勵：兒童開始知道守規則會有獎賞，不再只是逃避處罰。

（二）傳統道德期

1.與他人產生關係：乖孩子道德階段，兒童判斷行為的道德性是根據該行為符合他人標準的程度，藉以獲得他人的認可與好感。

2.順從權威：遵守社會規則固然重要，但是規則的改變，若對更多人有利，則不妨改變規則，其道德性以基本人權為基礎。

（三）道德後期

1.法治觀念取向：將正義、憐憫、公平的理想加以內化，並且遵從這些理想，使其符合社會標準。

2.把遵守規範變成良能良知。

兒童對於道德問題的思考是逐漸在接觸環境中與成人、團體互動而形成的。易言之，道德發展受到社會化的影響。

5.6 社會化的類型

社會化是一種逐漸的、持續的改變過程，根據社會學的觀點，因為人一生均處在社會化之過程中，且成年以後，或由於職業的改變、學習、結婚、子女出生等生活的改變，不斷面臨新的角色，而必須隨著角色的變遷而學習新角色的規範、價值、行為模式等，所以社會化可謂人生漫長的歷程。就其類型

可分爲：

一、主要社會化

　　主要社會化（primary socialization）係指兒童時期的社會化，它是藉由基本價值、技能和語言的教導，使嬰兒變成一眞正社會人的過程。也可以稱爲個人人格和自我概念最主要的發展過程。

二、預期社會化

　　預期社會化（anticipatory socialization）由墨頓所提出。是指在準備加入一項新的社會角色時，先學習他的權利、義務、期望和前途。當某人學習了他所熱中的地位或團體所必需的適當信仰、價值和規範時，他正是學習了如何扮演他的新角色。

三、 繼續社會化

　　繼續社會化（continuing socialization）是指學習一套和從前不同的價值、信仰和行爲。在個人一生中，當由一地位轉移到另一地位，或由一團體轉移到另一團體，都可能有繼續社會化或再社會化的經驗。其過程常見於成年人爲適應角色變遷，而學習新角色的扮演，或新的價值、規範與行爲模式。根據艾力克遜的觀點，社會化應該是個人一種長期性、漸進性、持續性的改變過程。換言之，人的一生均處在社會化的過程裡，兒童階段的社會化固然快速，但是成年以後或由於職業的改變、遷

徒、結婚、子女出生等生活的改變，及面臨新的角色，必須隨著角色的變化，學習新的角色規範、價值、行為模式等，這種因個人生涯的改變所接受新角色的過程，稱之為「繼續社會化」。

四、 再社會化

再社會化 （resocialization）是一種更基本的、迅速的灌輸價值觀念或文化，以徹底改變或放棄原來生活方式而接受另一種截然不同生活方式的過程，且新的角色完全不同於原來的角色，甚至反對過去的角色價值，如集中營的洗腦、犯人重建、削髮為尼等。社會學家賽爾斯尼克（Selznick）認為，一個已經社會化的成年人，其人格穩定，價值和行為模式也已是十分固定，如欲其再社會化，通常需要十分強烈的方式。由於「再社會化」是一種徹底改變原來生活模式，接受另一種截然不同生活角色的過程，也是全新價值觀念或文化的灌輸，要有較為強烈的方式，例如：

1.修正個人過去道德價值，對於以前所習慣的價值觀念及道德規範，完全予以推翻，徹底形構一套新的價值標準，鼓勵個人主動參與再社會化之過程。

2.壓制個人過去生活方式，否定原有的角色和地位，重新開始建立新的地位和角色。

3.對個人進行全面控制，使個人與原來所熟悉的社會環境相隔離，以便消除舊有團體或環境對個人的影響。

4.實施嚴厲制裁，達到對個人身心的嚴格控制，強迫個人接受新的規範與再社會化。

5.運用同輩團體的壓力和影響,造成個人的屈從,以達成再社會化的目的。

　　社會化是個人在社會認同的規範下獲得物質、心理和社會技能,以求生存和成為社會分子的過程。這是一項終生的歷程,家庭、同儕團體、學校、職業團體、傳播媒介皆為主要的社會化機構,對於兒童、青年和成人的社會化或再社會化與人格陶養,均具有重要的功能與影響。

6. 社會規範與社會秩序

　　面對未來，必須從人類價值觀的轉化、人類心靈的淨化著手，重視心靈改革，落實「心五四運動」的淨化社會運動。「心五四」包括「四安、四要、四它、四感、四福」五項。四安是「安身、安心、安家、安業」；四要是「需要、想要、能要、該要」；四它是「面對它、接受它、處理它、放下它」；四感是「感恩、感謝、感化、感動」；四福是「知福、惜福、培福、種福」等，方能以人文社會的關懷來制約並引導科技的發展。

聖嚴法師

　　近年來，我們的社會在現代化的潮流衝擊下，歷經了快速的社會變遷，使社會形態與個人生活有著急驟的變化，同時人們的價值及意念也有相當的變易。在變遷的狀況中，社會規範及價值等這些紐帶，顯得鬆弛或者斷絕，因此，有人隨著心之所欲，而自由的採取行動，同時在社會與團體當中，由於它的功能出現障礙，因而，人群的不滿、挫折、緊張以及相對的缺乏感等特別容易產生，是以造成不擇手段等偏差行為。

　　偏差行為是指該行為的表現，不能夠得到廣大的社會與各團體所接納，脫離了既有文化所能夠容忍、支持的標準所顯現的行為。偏差行為有許多不同的類別，其中之一為偏差心理或稱人格偏差，此乃肇因於人格的不正常。這種人不能夠與他人做有效的互動及扮演正常的角色，如精神或情緒失常者。

　　在社會解體下，人們的權利意識與自由觀念較平日為強烈，容易出現走捷徑以滿足慾求的行為，而彼此在溝通不充分與相互的不信任下，將使不安定感增加，導致偏差現象越為頻繁。另外各種社會團體，因未能有效的組織運作，致喪失了它的統合性，而不能正常的發揮功能。社會一旦喪失統合性，則各種規範對於成員的統治力，便發生減退，成員便易有更多的異常行為。當個人無法有效面對及調適新的社會形態，即易造成反社會行為，心理疾病問題的日益嚴重，便是其中彰顯的現象之一。

　　偏差行為是對社會既有規範的反動，儘管開放的社會可包容相當數量的偏差作為，而不會產生太過嚴重的影響。但持續性或牽涉廣泛的偏差行為在社會上就會有若干的反效果，包括：第一，妨害人際之間的互動系統；第二，搖撼團體中他人遵守規範的動機；第三，危害團體生活所需的互信互賴。

　　古今中外的任何社會幾乎無可避免會有偏差行為的存在。運用理性主義使人們不僅能清楚界定社會問題為何，並且能更有信心地解決該問題，而人道主義的運用則使我們發掘更多的偏差行為，認知其嚴重性，並積極促使人們對此現象產生更多的關懷和作為。以此態度不單使社會道德秩序得以穩定建構，同時能促發人們運用理性、健康方式，克服偏差行為所帶來的各項問題。

6.1 社會規範的意涵

　　任何一個人類團體為營造共同生活時，都不能像一盤散沙，散漫而且毫無章法，而是如同一個蜘蛛網，具有綿密的組織性和聯繫性。社會規範即是維繫團體生活與人際互動的法則，也是人類為了滿足基本需求時，社群所認可的行為標準。換言之，社會規範是社會團體或整體社會所遵循的行為模式。

　　社會規範既是以人的需要為基礎，依據美國著名社會學家孫末楠（Summer）在所著《民俗論》一書的說法：規範有兩種主要的形式，第一是原生的規範（crescive）——是由團體生活過程中自然發展出來，或是從民德中慢慢衍生出來，例如：財產、婚姻、宗教、節慶。第二是制定的規範（enacted）——是由團體社群有意識、有計畫創造出來的，例如：法律、政治、教育。足見社會規範的形式是多式多樣的，隨著族群的差異及環境的區別，乃至歷史背景的不同而有不同的形式。其中屬於非強制性的規範方式，有風俗、道德、輿論以及時尚、風潮、藝術、信仰等；強制性的規範方式，有政權、法律、制度等。

綜觀人類社會的發展較為普遍的社會規範計有：

一、習俗

習俗是人類生活中最早產生的一種社會行為規範或社會控制方式。習俗的意義是指人們在團體生活中逐漸形成並共同遵守的習慣和風俗。人們在社會上的舉止行為，常是世代相傳和互相模仿的，例如交際禮儀，一旦在社會上普遍流行，便成為習俗，這種習俗行之既久，使人養成習慣，於是在不知不覺中傳給後代，即由習俗變為風俗，因此它能在社會上產生極大的規範力量。風俗對人們行為的規範作用，不像法律和道德那樣是在強力和輿論譴責的威懾下發生作用的，風俗是內化為人們的習慣性行為，是在沒有外來壓力的情況下自動自發的。嚴格而言，習俗對社會發展既有積極作用，又有消極作用。如果風俗符合當時社會發展的客觀規律時，這種風俗對社會的發展就能產生積極的作為，用以導正人們的行為並且產生規範的作用。但是當社會快速變遷時，傳統的風俗與社會發展相矛盾，那麼該習俗便形成阻礙社會發展的絆腳石。

二、道德

道德是社會調節人們之間互動關係行為規範的總和。諸如如何評價好與壞、善與惡、是與非、誠實與虛偽、正義與邪佞等等。道德是由習俗發展而來的，人類最初的行為規範是風俗習慣。人們在社會中生活，對有道德的行為加以讚揚，對不道德的行為加以譴責。當然，是非善惡的道德觀念在不同的時代

不同的類群有其不同的評價標準。道德的作用在於控制人的思想和行為，它比習俗的控制力更強，不遵守風俗習慣不會引起社會太大的注意，但人們對不道德的行為特別敏感。

三、宗教

宗教也是社會控制的重要形式，宗教的作用就在於使教徒安於現狀，並對未來織構一個理想祥和的社會遠景，使其信徒對既有惡劣情勢能逆來順受，勿以暴力抗惡。從本質上講，宗教對社會發展和淨化人心產生其他社會機制無法取代的作用，但這並不是說宗教規範與現實生活相抵觸，而是相輔相成並具有社會整合的作用。

四、輿論

輿論也是社會控制的一種重要方式和工具。所謂輿論，就是社會上眾人的議論和意見。社會輿論具有現實性強、歷時短、彈性大，以及不確定性等特點。輿論是一種很複雜的東西，它既有正面的，也有反面的；既有正確的，也有錯誤的。有自上而下的輿論，也有從下到上的輿論。但是，輿論總是對人們的社會行為有一種巨大的約束力，有時會形成一種巨大的壓力，促使社會大眾必須正視輿論，並對其做出反應。人們常說「人言可畏」就是這個道理。

五、法律

　　法律是經過國家制定或認可的，由國家強制力實施的行為規則。法律是現代社會主要的控制工具。凡社會成員生命財產的保障、權利義務的規定、家庭婚姻的維繫都有賴於法律。它在消極方面限制個人的行為，在積極方面維持社會上的生活秩序和工作秩序。

六、制度

　　制度對社會產生控制作用。所謂制度包括三個方面：一是社會形態，如民主制度、法制制度；二是指構成社會運作的具體社會機制，如教育制度、經濟制度等；三是社會組織某些具體的規章制度。美國社會學家殷格斯（Inkeles）認為有四種制度，即政治制度、經濟制度、表意制度（如科學、哲學等）、親屬制度（關於婚姻、繼承等）。制度的社會作用在於規範人們的行為、傳遞社會文化、調適人際關係、促進社會發展。

　　按照社會規範運作，可以分為外在性和內在性。所謂內在性，是指社會成員自覺地用各種社會規範來約束自己的行為，控制自己的慾念和行為。內在的規範是一種自我控制的形式，以自己的修持來教育自己，進行自我修養，達到自我完善的目的，其與人生態度有密切關係，正確的人生態度可以促使我們進行良好的自我控制，有了正確的人生態度，人們就獲得了一種精神支柱，就能在各種情境與互動上行止得宜。正確的人生觀要求我們時刻將自己的言行與團體、社會聯繫起來，自覺培

養社會意識。

　　社會規範對個人行爲控制引導是經由人的動機、態度、意識、個性而產生作用的。如果人們調節得越好，那麼行爲發展也就越完善，反映在行爲上的規範化就會越符合社會期待，被群體接納就越高。

6.2 偏差行爲的意涵

　　偏差行爲就是指偏離、超越或違反社會規範的行爲。社會規範有社群性和差異性，各個族群和各個時代環境都有自己的行爲規範，對人們行爲的要求也就有不同的標準。此時此地被視爲偏差不宜的行爲，彼時彼地則可能認爲是正常的行爲。偏差行爲亦稱爲偏離行爲，指偏離或者違反一定社會行爲規範的行爲。其特點如下：

　　1.偏差行爲具有相對性，即它總是在特定的時間、地點和條件下才成爲偏差行爲。某一社會或群體中的偏差行爲，在另一社會群體中可能是正當行爲。

　　2.偏差行爲必須是違反了重要社會規範的行爲。日常生活中，個別或少數人所具有的特殊愛好、行爲特點，只要不與社會規範發生衝突就不屬偏差行爲。

　　3.偏差行爲是多數人所不贊成的行爲。

　　4.偏差行爲不完全等同於社會問題，只有當某種偏差行爲頻繁地發生且對社會造成危害，使相當數量的人受到威脅時，才會轉化爲社會問題。

　　5.行爲偏差的程度以及此種行爲受到懲罰的程度，取決於該

種行為所觸犯規範的重要性。

偏差行為產生的原因包括社會性、心理性及生理性，茲分別說明如下：

一、社會性

偏差行為的發生與其所處的社會環境是不可分的。首先社會上存在著不同的種族、民族、團體、階級等，它們有時存在根本對立的行為規範、價值觀念，因此違反規範行為是不可避免的。其次當社會急遽變遷時，舊的行為規範已不適用，新的規範尚未建立或未被接受，人們失去行為約束，便發生一系列偏差行為，再次有關阻礙人們採取遵從行為的其他社會因素，也為偏差行為提供了機會或條件。

二、心理性

任何個人行為都是個人的需求與自我控制力相互作用的結果。當個人需求的力量過於強大，而自我控制的力量過小時，就容易出現偏差行為。

三、生理性

個人生理與某些偏差行為有一定關係，例如：性格的暴戾、基因突變所形成某些行為的傾向等。

偏差行為的類型包括：

1.不適當行為：指違反特定場合的特定管理規則，但對社會

並無重要損害的行為。

2.異常行為：多指因精神疾病、心理變態導致的違反社會規範的行為。

3.自毀行為：即違反社會規範的自我毀壞或自我毀滅的行為。

4.不道德行為：指違反人們共同生活及其行為規則的行為，通常只受輿論的譴責。

5.反社會行為：指對他人與社會造成損害以致造成嚴重破壞的行為。

6.犯罪行為：將違反法律所規範的行為。在任何社會中，偏差都是一種難以完全避免的社會現象，被社會成員判定為違反其社會準則或價值觀念的任何思想和行為都為偏差。

偏差行為中有的能夠對社會的共同生活和發展產生消極作用，有的則能夠發生積極的推動作用。敢於打破陳規，向保守行為規範挑戰的行為，是具有積極性的偏差行為；而違背時代潮流的行為，是消極的偏差行為。如果說消極的偏差行為是犯罪的預兆，那麼積極的偏差行為往往是革命和改革的先驅。

一般類型的偏差行為是普遍存在於各社群，並且是經常發生的社會現象，不能籠統地把這類偏差行為都說成是壞的。判斷這類偏差行為好壞的唯一標準，就是要看這種行為是否符合當時社會發展的需要。由於社會規範是人們在長期的共同生活中逐步形成和建立起來的，一旦建立起來，就成為人們的習慣或規則，就具有相對的穩定性。而社會生活每時每刻都在變化，因此，相對於時刻變化的社會生活來說，社會規範就表現出一定的穩固性，總是有一部分過時、不適應現實生活需要的規範來束縛著人們的行為，這時人們超越這部分行為規範去辦

事，也是一種脫軌行為。這種超越行為是對傳統規範的挑戰，具有標新立異創新精神，任何進步的社會改革、發明創造，都是打破陳規陋習的結果。這種偏差行為，一方面破壞舊的社會規範，同時設計和創造一套新的社會規範來替代舊的規範，這套新的行為方式，需要經過一段時間才能被社會所認可。但是，在一般類型的偏差行為中，那些擾亂社會秩序、生產秩序、工作秩序、生活秩序，違背時代潮流和社群利益、妨礙社會進步的行為是需要積極導正的不良行為。

由於偏差的種類和性質不同，所以對偏差的原因也不能一概而論，可以根據偏差行為所引起的是積極作用還是消極作用來分析原因。引起偏差行為發生的原因大致有三種：一是失序狀態。社會處於大變動的時期，舊的社會規範明顯地失去其控制作用，而新的社會規範又未建立起來，我們無所適從，在這個時候，有少數人可能突破現狀地出現某種新的行為規範。二是規範的僵化。某種已經不適合社會發展需要的行為規範，對人們的行為控制過於嚴苛，形成某種僵化的模式，這樣必然會有人超越這種僵化的模式去行事，產生反傳統行為。三是文化衝突。新文化或外來文化對舊文化和本地文化是一種衝擊，引起一些人的排斥，而發生衝突。在這種衝突開始時，一些人是站在自己的傳統文化方面去反對新文化或外來文化的，但也有少數人會脫離自己的傳統文化去接受新文化，這些人的行為即成為偏差行為。

墨頓在1938年發表的〈社會結構與失範〉一文中，應用功能學的理論，試圖解釋社會結構所施加的壓力，是怎樣使個人做出不遵從團體的差異行為。墨頓認為，造成差異行為（即和社會規範不一致的行為）的原因是社會文化體系中的文化所決

定的目的。但是社會所認爲的規範和方法常常是有限的，因此，並不是每一個人都能達到目標，二者之間的矛盾逼迫個人去尋求其他途徑，以社會所不承認的方式去爭取目標，由此而產生了差異行爲。墨頓認爲，個人對文化目標與社會認可的規範之間的適應方式有五種，即遵從者、創造者、形式者、隱退者、造反者。參見**表**6-1：

表6-1　個人對文化目標及社會規範之適應方式

類　　別	文　化　目　標	社　會　規　範
遵 從 者	＋	＋
創 造 者	＋	－
形 式 者	－	＋
隱 退 者	－	－
造 反 者	＋－	＋－

註："＋"代表接受；"－"代表反對或抵制。

　　墨頓認爲，在每一個社會裡，遵從者（conformity）最平常，也最多。如果這種人太少的話，社會就無法維持穩定。因爲遵從者就是指那些遵守社會所認可的規範，透過正當途徑尋求文化所認定的價值目標的人。第二種人，即創新者（innovation），這類人不想以正當認可的途徑來爭取文化認可的目標，卻以非法的手段來達到同樣目標。第三類形式者（ritualism），只知道按照常規去辦事，沒有目標和目的。第四種人，即隱退者（relreetism），這種人最少，因爲這種人既不遵從社會所認爲的規範，又無意於爭取文化價值目標。第五類造反者（rebellion），其最大特點是希望建立一個新的社會秩序以代替現實社會，這類人可能是順利遵從社會規範並達到文化價值

的目標，也可能是反對文化與社會。前者成為造反者可能是不甘心已有的目標；後者則根本就不遵從現有的制度與文化，引新棄舊是他的目的。犯罪是偏差行為的特殊類型。犯罪行為指的是對社會危害性大、觸犯刑律、應該受到刑事處罰的行為。西方學者對這種犯罪的偏差行為的原因，有各種不同的解釋。佛洛伊德認為人有一種好鬥的內在驅動力本能，正如人們會感到飢餓一樣，人們也會有偏差侵犯的慾念。勒溫（K. Lewin）的研究則認為，偏差侵犯行為往往是挫折的結果。挫折就是指在目標實現中受到干擾或阻礙。如果一個人想去某地做某件事或想獲得某件東西，被阻止了，受到了挫折，因此對既有的體制或規範加以侵犯而形成偏差行為。也有學者從生理學角度分析：認為偏差者的行為是由於其身體素質因素構成的，人體中xyy染色體常在暴力罪犯體內顯示出來，在平常人中則極少見。李默德（Lemert）等人則認為犯罪率之所以增長，是由於領導階層和社會群體制定了越來越多的刑律，發明了越來越多的犯罪分類體系，把越來越多的行為列為犯罪行為。這種理論被稱為「社會標籤理論」。還有「機會結構論」則認為青少年犯罪是由於社會上滿足個人要求的機會不平等所致。「行為感染論」認為犯罪行為和其他行為一樣，是在與他人互動中學習得來的。尤其是與個人關係密切的親密團體，更容易導致偏差行為的學習和作為。這些理論及概念皆提供我們對偏差行為或犯罪行為更深入、客觀的理解。

由於社會偏差行為會對社會產生影響，使得社會發展受到威脅。所以偏差行為的產生，為社會學研究者所關懷，並且企圖加以調整改善。面對該現象我們宜採取下列方式：

一、理性探究

在社會急遽變遷下，運用理性態度探求人類的生活與社會環境中所呈現的偏差現象與問題，方能抽絲剝繭找到問題的癥結。

二、科學探討

通常偏差行為發生具有極為複雜的因素。所以，必須先就該事實及其內外在因素從事科學調查研究，並擬訂政策和計畫，進而推行積極性的改善措施。

三、政策配合

當偏差行為的癥結被清楚地瞭解其性質、範圍、原因及影響後，便宜提出具體有效的辦法，作為改善的依據。其中社會政策與社會立法的協調與配合，亦即釐清該現象的必要條件，如社會立法能順應實際需要，社會政策能健全完整，皆能助益於偏差行為的廓清工作。

四、全面整合

偏差行為是與整個社會運作有關，要徹底圓滿解決，必須借助社會的力量及各方面整合合作，方能有效克服。

五、避免重現

隨著偏差行為的妥適解決，勢將避免社會病態的重現，以減輕對社會生活的威脅與進步的阻力。並為妥善的設計與規畫，圖謀社會各方面的均衡發展，才能使社會轉向於新的發展方向和目標，共謀維護人類的尊嚴、權益與正常的生活，並且足以增進社會的和諧運作。

社會學家奈思比 （John Naisbitt） 所言：「不管社會是多麼簡單和穩定，無法完全免除社會的失序、偏差的困擾。從人類行為的研究中，我們可以瞭解，只是偏差行為常因文化的差異和時代的不同而略有差別而已。甚至，對社會生活的日常運作還具有釐清的功能。」（Naisbitt, 1992: 282）

6.3 社會規範的執行

社會規範多經由社會控制達到目標，「社會規範」是指：經由社會力量使人們遵循社會要求，限制人們發生不利於社會的行為，以維持社會秩序的過程。社會規範既指整個社會和社會中的群體、組織對其成員行為的約束或制裁，也是社會成員間的相互影響、相互監督、相互批評。社會規範有狹義和廣義的解釋，狹義是指社會或其群體對偏離社會規範的行為所採取的限制措施及過程；廣義的是社會或其群體為達到維持社會秩序而採取的手段。所以，社會規範亦稱為社會約制，當一個社群沒有社會規範，就沒有正常的社會秩序和穩定的社會形態，

進而影響社會運作，足見社會規範對社會而言是不可或缺的。

一般說來，個人的社會行動是回應個人生理需求、人格特質及社會期望的作為。當該項行動會影響個人的社會化，進而危害人與人的關係和社會秩序時，社會規範就是為了導正這些不協調的社會行為而採取的組織措施。為了達成社會的系統運作，社會控制也對社會成員進行宣導作為，使之瞭解社會的各種要求。無論是制裁還是引導，都說明社會規範的必要性。

因為社會規範對團體生活的必要性，所以中外古今的社會皆能發現控制現象的存在，早在二十世紀初期，社會學家羅斯便著有《社會控制》一書，其後的社會學家巴納德（Parnater）亦承續該觀點，強調社會規範的普存性，一部分是人為的，一部分卻是在共同生活時自然發生的，自然發生的社會控制，不但對於社會改進可能不具有貢獻，有時且產生阻礙的情形。例如新奇的時裝，有時可以發生傷風敗俗的影響；守舊的風俗，有時可以梗阻社會的進步。此類控制的影響，既是在無形之中自然發生，似出乎人力控制之外，其實不然，無意的社會控制雖係無形中自然發生，但仍可由人力予以指導。譬如時尚，我們可以利用之以提倡節儉，我們亦可以用政府的力量，禁止新奇裝束的流行，以矯正人民的嗜好。又譬如輿論，我們可以利用之以開通智識，並可藉輿論之力量，以獎勵善良，抑制罪惡。又譬如風俗，我們可以利用以改進人民的習慣，安定人民的生活與秩序。無意的社會控制，其發生進行雖非出於社會有意的計畫，但社會卻可利用其自然的趨勢，用人力予以指導，故無意的社會規範，亦可以利用以改進社會。至於有意的社會規範，既出於人類自力的計畫與努力，故其與社會改進的關係尤為密切。為維繫社會運作，社會規範有種不同的形式，也有

其不同的功能，較爲顯著的包括：

一、道德規範

「道德規範」是人類鑑於不道德的行爲，足以紊亂社會秩序，於是建立道德標準，作爲人們行爲的規範，並且用以引起義務的心理，使人人自願遵循道德的標準，於不知不覺中，即受社會的控制。因爲唯有以道德標準規範人心，而後可以免除禍亂，增進安寧幸福。道德標準係產生於有意的建制，故可因環境的變遷與社會的需要，而加以變革，故道德標準可以適應並引導社會的改進。

二、宗教規範

「宗教規範」是利用超自然勢力的力量，與人民信仰的心理，以控制行爲於無形之中。因此必先使人民信仰此超自然力量的存在及其作用，而後產生畏懼的心理，自願依照教條行事，不願違反。凡此，皆所謂以宗教觀念，使人知所趨避，以指導其行爲，故獎善懲惡，爲宗教重要功用之一。同時，宗教尚有一重要功能，即讓全社會的成員能將精神團結一致，因爲有此精神上的共同信仰，常可促成種種共同行動。故社會在統一時，可使人民趨於共同規範；在社會呈現解組情形時，將可維繫墮落人心。且宗教內容非一成不變，既爲社會上一種重要的力量，亦可隨社會變遷，而加以適當改革，因而宗教改革即促進社會上一般的改革。有些宗教較傳統的社會力量尤其宏大，有時遠勝於政治與道德，故宗教規範與社會改進，有密切

關係。

三、政治規範

「政治規範」是利用法律爲根據與政府的力量,以控制人民的行爲。道德規範與宗教規範,雖非出於意願,但前者由於義務心的催迫與良心的督促,後者由於信仰,而生畏懼與希望。政治規範雖亦利用人類畏懼與希望的心理,而實出於外力的強迫,與宗教的道德出於內心之自覺者不同。政治規範以法律爲範圍,以懲獎爲手段,而以政府之力量行使之,故政治規範是屬於最直接的規範,因此與社會改進的關係甚爲密切。因爲社會改革的計畫,如能以法律規範,以政府的力量執行,則其效力必最大。

四、教育規範

「教育規範」是依據人類心理的特質,利用習慣養成與改變的方法,以規範人類的行爲。教育規範是最基本的,因其規範人類一切的行爲,故無論道德規範、宗教規範,或政治規範,各方面雖有不同,而與教育莫不發生連帶密切關係。換言之,凡道德、宗教、政治等規範,莫不假手於教育的方法,以實現其要求。教育規範爲一種基本控制,或民心控制,故社會改進與教育規範關係最爲密切。任何改進計畫,如從教育方面著手,則事半功倍,從事於社會改進如不能有效結合教育,則其成功便不易達成。

以上略述社會規範與社會改進的關係。總之,無論是自然

的控制，純然是出於不知不覺的結果，或有意的控制，出於人類自己的計畫，無不可用人力加以指導。故用人力改進社會，即係用人力控制社會，如能依社會改進的計畫，用社會規範的方法與工具以求實現，則社會秩序便能依原有的期待加以落實。

綜上所述，可知社會規範的形式很多，概括起來說，有強制性的社會規範形式，如政權、法律的紀律等；觀念性的社會約制形式，如習俗、道德、宗教、社會輿論與勸服等，以及自我控制形式，即人們經由社會化過程而樹立的道德價值觀或是社會集體意識，以期能運用社會規範來指導和約束社會成員的行為。各種控制形式，構成了社會規範體系，也是社會運作的重要工具，每一種控制形式都具有一定的作用，並且與該社會的發展狀況和社會制度的性質息息相關。隨著社會的發展，社會的分工越來越細膩，社會互動也越來越複雜，社會成員彼此間的依存度越加密切，為謀社會的整合發展，社會規範也就顯得越加重要，以期達成社會制約的效力。

7. 社會角色與群體互動

　　知識社會的出現，知識成爲先進國家經濟的核心資本，知識工作者成爲社會價值與規範的決定者。知識已經成爲支配性資源，徹底改變了社會結構，造成動盪、衝突，也創造了新的政治形態，對於領導和管理帶來革命性影響。組織必須能配合知識社會下的資訊化、全球化和創新化的要求，因此需要有革命性的管理觀念和作法。

彼得・杜拉克

　　著名的社會學大師韋伯，就支配的類型概念 說明權力的來源可分為：傳統型，例如子承父業；理性型，例如選賢舉能；魅力型，例如大眾誠服。其中以魅力型的支配形態最引發研究者的興趣。韋伯認為：近代西方社會的進步，歸因於對「理性化」的追求和運用，這種講求系統性、邏輯性、可測量性、規律性、目的性、普遍性和形式化的特質，雖然帶給西方社會科技文明、高度物質生活，卻無形中因為其強調「工具理性」的膨脹運用，造成對人類的無情宰制，使活生生的人受制於僵化的制度，而無法尋求人本的價值。其明顯的例證之一，就是「科層體制」普遍滲入各個領域，而牢牢地宰制人們的思維、行動。這種講求規格化的體制不僅存在於行政系統，並極為快速的引介至各個組織體系中，且牢固地掌控成員的行動，使人反主為客被制度嚴密的控制和操弄，使得整個社會掉入了哲學家馬庫色（Herbert Marcuse）所說的單向度的社群——人只能被動、無奈的接受冷酷規範無情的差遣。為了克服這種人類歷史的悲觀命定論，只有魅力型的政治人物可以抗拒規範帶來的巨大壓力，達到救贖、解套的困境。

　　此種概念在社會心理學中亦有學者加以呼應，成為對領導研究的一種取向，形成領導特質理論。該理論認為：成功的領導取決於領導者本人自身的品格特徵、價值觀念和生活方式。試圖從揭示領導者本人的品格和素質與其成功的關係，來探討合格、有效的領導者應具備哪些特質等問題，研究者提出了諸多作為領導者應有的特殊品格，如：善良本質、精力充沛、智力超群、誠信可靠、勇敢堅毅、責任心強、具想像力、有革新意識、有理想性、正直不阿、熱誠感人、果斷勇毅、道德超群、修養端正、知識豐富、良好交際、堅韌不拔、風度優雅、

體格健壯、能力過人、反應靈敏、應變力強、組織才能強等等。最能代表這一觀點的，莫過於管理學者西蒙（Herbert Simon）所歸納出一位成功的領導者應具備的十項條件：

1.合作精神：善與人合作，願與他人共事，對人不是壓服，而是感動與說服。

2.決策才能：有高瞻遠矚能力，能根據客觀事實而非主觀想像做出決策。

3.組織能力：能發揮下級的才能，善於組織人力、物力和財力。

4.精於授權：能把握大權，小權分散，抓住大事，掌握方向，適時授權部屬。

5.善於應變：能隨機應變，機動進取，不墨守成規。

6.勇於負責：對國家、社會、民眾有高度的責任心。

7.敢於求新：對新事物、新環境、新技術、新觀念有敏銳的感受力與適應力。

8.願擔風險：勇於承擔組織發展中不景氣的風險，有改變原有面貌、創造新局面的雄心和信心。

9.尊重他人：重視並能採納別人的意見，不狂妄自大，不剛愎自用。

10.品德超人：品德高尚，爲社會人士所敬仰。

這一理論的貢獻就在於它在一定程度揭示了領導者個人素質與領導績效的關係。綜上所陳的特質即是一個人在社會中的角色，這與群體互動是息息相關的。

7.1 角色意涵

　　社會互動中常以角色爲基礎，所謂「角色」（role）一詞是社會學家自羅馬的戲劇中借用的，原意是一種面具，羅馬演員戴著面具演戲，用以彰顯該角色的行爲。當演員表現某一戲劇性格時，其表演是由劇本、導演、觀眾反應、演員本身所決定，因此，無論演員是誰，只要有相同的角色，就會有相似的表演。是以，角色蘊涵人們期待的行爲模式。大凡每個人從出生開始便與團體發生密不可分的關係，無論是短暫的或是長久的，每個個體無時無刻都屬於一個團體，而只要是處於團體中，就有其所處的位置、身分及分擔的職責，例如在家庭中，每個人皆有其身分、職守與行爲準則。此種經群體認可的身分與行爲模式，即是他的「角色」。

　　角色的概念，首先在1920年代，由美國著名的社會學家米德所提出。他認爲：社會角色是由人們的社會職務所決定，爲社會所期望的行爲模式。這個概念中包括了五個含義：

　　第一，社會角色是一個人參與社會互動時的一套行爲模式，每一種社會行爲都有一定的社會規範，社會角色便是依據該規範所體現的行爲方式。

　　第二，社會角色反映出個體在群體生活和社會關係體系中所處的位置。

　　第三，社會角色深受行爲者的社會地位和社會期待所影響。

　　第四，社會角色的行使必須符合社會的期望，而且應依照

社會所範定的行為標準、責任和義務等去行動。

第五，任何一項社會行為，不僅反映出社會角色所表現的社會地位及身分，而且體現出行為者個體心理、行為與群體心理、行為及社會規範之間的關係。

7.2 社會角色

根據米德的觀點，其認為角色的形成並非是與生俱來的，而是經由社會互動、教育學習，乃至社會化過程產生的，人自出生後的角色學習是經歷三個過程：

第一階段為「從模仿到認知的過程」：兒童最初的角色學習是玩耍中的角色扮演，經由模仿學習，兒童開始逐漸瞭解到社會中各角色，並由模仿過渡到認知。

第二階段為「從自發到自覺的過程」：個人的部分角色為與生而來，如性別角色，人在不知不覺中開始承擔這些角色。隨著年齡的增加，人們在社會及教育的影響下，開始自覺的學習並非是與生俱來的角色。

第三階段為「從整體到部分的過程」：社會角色最初都是以一個完整的形象出現在人們面前，個體對角色的認知最初也是整體的輪廓，隨著學習的深入，個體開始學習角色各個部分的具體規範、權利、義務、知識和技能等。在此基礎上，個體才有機會把習得的各部分內容結合起來，完成角色學習的任務。

在社會學的理論中，結構功能理論及符號互動理論皆對角色的概念加以說明，但彼此觀點卻有所差別。

　　結構功能理論對角色的概念，是置於整個社會系統中加以說明，認為角色是社會結構的構成單位，是根據社會全體的需要分配給個人的，使自己的行動適應社會要求與規範指導，因此，角色與角色之間具有高度的互補性，同時角色就是個人在社會結構中行動的過程。相較於結構功能理論由整體觀點詮釋社會角色，符號互動理論對角色的概念，是置於個人層次上加以說明，認為角色是人們在相互行動過程中逐漸形成的。在互動過程中，他人的態度喚起了自我內部與之相呼應的態度，為期達到彼此互動的協調性，自我會產生必要的行為控制，經由反覆的協調與評價，他人態度便逐漸內化於自我的意識當中，而形成「客我」（me）的現象。米德強調將這種導致取得他人交流互動的媒介，稱為「有意義的符號」。有意義的符號能喚起雙方的共同反應，達到互動的目的。

　　角色的產生既然與社會互動關係密切，則個體在現實生活中所扮演的角色，為能符合社會對該角色的要求，以達到角色適應，則須注意下列因素：第一是「角色期望」，個人對社會或他人對自己所承擔角色應表現出來的某些行為模式，具有清楚的認知。第二是「角色明確」，個人對自己所承擔的角色及職責有明確的瞭解，並有準確的角色知覺。第三是「角色技能」，個人對順利完成角色扮演，具有足夠的智慧、經驗、能力。倘若個人無法順利完成社會角色的運作，則極易造成角色衝突或角色緊張等現象，以致影響個人的社會適應。

　　由於社會角色是社會成員對社會地位占有者所期望的一系列行為模式，這種期望自然受到社會的變動而有所改變，因此社會角色並非固著於一定的形態，而是一種動態的行為表現，就其所具備的特徵包括：

一、社會角色不可能脫離社會而單獨存在

　　角色並不是單獨存在的，而是與其他角色產生互補關係，是屬於社會結構的一個環節，與其他角色產生互賴關係，才能順利履行其功能。例如：一個人被視為具有父母親角色是因為其子女的出現。

二、社會角色蘊涵社會期望須由學習而得

　　社會角色形構了個人與社會結構間的關係。這其中不僅包括社會要求的行為準則，也涵蓋行為的方式，甚至包括理想人格的期望。例如：一位醫生在宣示履職時，便有理想角色——史懷哲——的呈現以促其踐履。

三、社會角色具社群權力也擔負社會期待

　　社會角色的效力，涉及扮演者所具備的合法權利與應履行的義務。例如：醫生可要求病患為應檢查之需要而裸露身體部位。至於父母親則有被要求撫養其子女的義務。

四、處於快速的社會變遷時造成角色偏差

　　角色偏差是指個人在扮演某種角色時，偏離了社會所期望的情形。此種偏差情況較易形成於快速的社會變遷之中，由於角色規範、行為價值的疏離和迷亂而產生。

五、社會角色履行隨社會規範變化而轉變

社會角色具有規範的性質，角色規範是指群體中的每一角色都必須遵守的行為準繩，這是在長期的社會生活中薰陶、學習而內化於個人，並在個人社會實踐或行動中表現出來。角色規範反映著社會規範的特質，其形式是內潛的，其作用卻是外顯的。社會規範如同演員的腳本，對行為者具有規約的作用，至於其形式，有的是以書面形式或法律條文規定下來成文的行為準則，另有的則是不成文的規定俗成的行為準則。個人只有把握了一定的角色規範，才能成為被認同的社會成員。然而，由於法律、風俗皆可能變遷，因此角色規範也會改變，造成異於傳統社會的現象。

對部分人而言，雖然角色可能帶來一些規範和約束，但其為一種形式的生活。對社會而言，角色是社會分工的一種方式，也是群體生活不可或缺的。社會角色至少包含了三項功能：經濟責任的賦予、新進成員的引導、社會成員的互動等，對此社會功能的維繫，使我們必須予以重視和維護。

7.3 角色衝突

角色和地位兩者的關係是一體的兩面。地位是指一個人在社會體系中的位置，或者說在社會生活中與他人發生關係的社會位置，例如：校長、市長、立委、農民、工人、演員、父親、女兒、朋友等，都是地位。在社會生活中，每個人都有一

定的地位。角色是地位的動態表現形式，地位一定經由角色行
為表現出來。沒有地位，角色也就無從談起；沒有角色，地位
也不好捉摸。如老師是一個地位，該職務在社會有一定的評價
和期待，至於備課、講課、批改作業、考核學生的成績就是老
師的角色。正因為地位和角色密不可分，所以有時候也把它們
當作同一概念使用。

　　一個地位可能有多種不同的行為方式，例如：律師有對待
顧客的行為方式，也有對待法官或同僚的行為方法；這種多行
為方式或多種角色的存在，就是「角色組」（role set）。當多種
行為或互動模式同時加諸一個人身上時，便容易產生「角色衝
突」（role conflict）。易言之，所謂角色衝突是一個角色或行為
方式，妨礙了另一個角色或行為方式的履行義務，例如職業婦
女可能產生工作角色與母親角色或妻子角色的不調和。當一個
人同時擁有多個角色時極容易引發角色衝突，也就是會產生一
個個體同時處於多個角色，並要進行相互矛盾的角色扮演時，
其引發角色與角色之間的矛盾衝突現象。由於現代人的社會網
絡較為複雜，所具備的角色並非僅止於一端，因此在多重角色
的扮演上，便會發生角色協調不一致的情形，例如：一位教師
要求處罰違規的學生，該違規者竟是自己的親人，便會發生角
色衝突的窘境。另一個相關的問題就是「角色緊張」（role
strain），它指出個人難於滿足角色之各種要求情境，這種情境會
發生在家庭、工作或任何地位網絡，例如：一位護理長介於護
理部主任與護士之間，介於醫生與病患之間，為了同時能滿足
主管的目的與希望，並維持與部屬的親密和關懷，在此情況
下，利益衝突的產生會使其顯現出角色緊張。產生角色衝突的
原因多端，仔細歸納約可區分如下：

一、個人人格與角色不相配合

在現代社會中，婦女與年輕人常發現他們的傳統角色所期望的行為，並不能符合變遷的世界，許多人經歷到新角色的期望與實際的角色行為之間有強烈的衝突。

二、角色的必要條件含糊不清

一位新婚婦女應做一位家庭主婦抑或職業婦女呢？婦女的主要地位應是家庭主婦的看法，在變遷的社會中已逐漸模糊。

三、角色所要求的行為不一致

當一個人擁有許多角色時，角色間的不和諧可能就會發生，如一位法官於審判一位親友時，可能會有角色不調和的感覺。

四、生命歷程面臨角色的中斷

每個人在生命循環的過程中可能會經驗到角色中斷。例如少年到成年，單身到已婚，已婚到離婚或鰥寡，這些角色的中斷會因社會的快速變遷而更加嚴重。

角色期待是所有角色概念中最重要的一個，角色概念若被剝奪「行為期待」的部分，就失去整體的意義。西奧多·沙賓（Theodore R. Sarbin）將「角色期待」解釋成擔任某一職位者被

期待的行動或特質。角色期待的主要功用在使角色行使者明白
其權利與義務，可從自我期待 （self-expectation） 與他人期待
（expectation by others） 兩種角度來考察，即自我期待就像是一
種義務，對方的期待就像是一種權利。夫婦的角色期待若能一
致，又彼此被期待的角色能夠實際付諸實現，那麼家庭生活就
能圓滿；相反地，若相互間的角色期待多少有差距存在時，就
會威脅到家庭生活的和諧，並可能妨害家庭的維持和發展。帕
森斯曾以緊張 （strains） 的概念來解釋社會體系內部的失調。
以「角色期望」為出發點，說明緊張的原因可能是：(1)人們無
法達到角色期望的要求；(2)角色模糊不清；(3)個人同時扮演兩
個相互矛盾衝突的角色而引起的。

　　當個人扮演各種角色時，因為無法學習到與角色有關的權
利、義務，而不能有效的表現角色，就會產生壓力。從社會體
系的觀點來看，角色壓力是外在力量擾亂內在體系的穩定性，
而使個人在所處的社會結構中無法表現適當角色行為的狀況。
角色壓力是由於社會結構中存在著對成員含混、不協調及不可
能完成的要求，使成員無法履行其角色義務的結果。所謂含混
的要求，研究角色壓力的學者稱之為角色的不明確；不協調及
不可能的要求則分別稱為角色衝突、角色的過度負荷。角色的
不明確是指個人無法獲得清晰的角色期望，或面對角色期望不
一致的混淆狀況。角色過度負荷是指角色要求過多，使角色表
現者無法在一定時限內完成；或角色要求水準太高，超過個人
能力所能及的範圍。

7.4 角色學習

　　社會角色既來之於學習，因此舉凡能形塑個人社會化的機制，如：家庭、學校、同儕團體、職業團體、傳播媒體等，均與角色的內化有關，這其中家庭是每個人接觸較為直接且頻繁的團體，往往是形塑個人有關社會角色的主要場域。家庭中的角色，傳統上是繼承而來的，角色的界定比較明確，因此可以立即賦予適當的社會行為，但是，隨著社會在各方面的改變，且變化速度正快速增加，致使家庭角色也有若干的轉變，這些轉變的因素包括「家庭結構」、「傳播媒介」、「經濟結構」等。

一、家庭結構的改變

　　隨著現今家庭結構的改變，造成角色的重新調整。這些改變是隨著社會價值觀的異動而產生，其情形包括：家庭組織由大家庭轉為以核心家庭為主，家庭子女人數的減少，單親家庭的數目快速增加，親屬的居住地相隔甚遠，成年子女獨立獨居增多，夫妻因喪偶、離異、再婚的重組家庭增多等。這使得家庭成員的角色須重新調適，以適應新環境的需要。

二、傳播媒體的影響

　　過去家庭與社會可以威權地要求其成員的角色、目標與價

值系統，傳統文化規範並要求人們謹慎維護既有的角色，但是隨著大眾傳播媒體，如電影、電視、報紙、雜誌的普及和深入，使得人們快速獲得各項資訊，而角色的變異成爲可能。尤以當不同文化的接觸和比較，使得人們易於對同一角色有不同的作爲時，這些新的角色與行爲，成爲人們模仿、反應的對象，變遷於是產生。自家庭角色形塑的轉變，我們便可以推斷社會角色正隨著社會情境的改變，而與傳統的行爲規範迥異其趣了。

三、經濟結構的影響

自第二次世界大戰以後，人們的價值觀有了重大的改變，因而影響家庭的互動，乃至於原有的角色期望。這些改變包括重視生活水準、居住變遷、就業形式、教育方法等。這使得家庭主婦除了扮演原有家庭主婦的角色之外，也走出家庭，進入勞動市場，謀取職業。隨著工作環境的角色賦予及經濟能力的提升，使婦女在家庭的角色地位亦逐漸提升，進而要求對家庭規則、家庭運作、家庭發展等重大事務，有更多參與的權力。此種情形不僅有利於婦女在家庭角色的提升，亦造成夫妻角色和行爲模式的變異。

社會創造個人，個人也在創造社會。社會中的個人並不完全消極被動，每個人都在發揮自己的能力去改造社會。沒有個人主動和積極的參與，社會就不能進步，在一定的條件下，個人對事物的發展具有一決定性的作用，事在人爲。個人的參與行爲越是得到充分的發揮，社會進步也就越快。這也正是社會學中常說的「人人爲我，我爲人人」。

　　一個社會之所以能夠持續的發展，除了有賴經濟、技術、自然資源等物質條件之外，尚須重視社會及心理的精神因素，瞭解自己所處的位置及所應扮演的角色，同時也瞭解別人所居的位置，所要承擔的職責，如此可以提高個人對於新環境的適應能力，豐富生活內涵，並且增進社會的和諧運作。尤其現代社會的分工越加細密，人際之間的依存度越來越高，各種組織規模逐漸擴大，為求組織之有效運作，必須要求成員遵守一定的規範，於此容易使組織中的成員產生所謂的人性疏離感，因此要使各種組織活動有效率，積極發揮功能，組織經營者必須滿足社會成員的需求。社會學的專業知識正可以提供增進合於人性需求的措施，增進組織成員的思想、感情、心理的層面需求受到合理的重視。

8. 人口變動與社會運作

　　一個社會，如果生活資料的增加，有時足以獎勵人口的增長，但不能應付人口一切的需要時，則必定會遭受侵襲而至的流行疾病。

湯瑪斯・馬爾薩斯（Thomas R. Malthus）

　　「越是競爭的產業，越重視人才培育。面對嶄新的網路化社會，企業組織的領導人都強調人力資源的重要，才能創造出具有前瞻性的規畫，以提高組織的競爭力。」這是國際知名企業惠普科技前總裁菲奧莉娜（Carly Fiorina）於2003年來台演講所言，其中清楚揭示「組織發展以人才爲本」的道理，正說明人口變動與社會運作的關連性。而自下述所引用文字也不難看出其間的影響。根據學者研究 我國三十六至五十歲的中年人其主要的危機及其因應方式，得到下列結論：(1)產生中年危機的壓力程度依序爲「事業發展停滯」、「教養子女壓力」、「生理機能老化」、「婚姻關係失調」、「自我認同混淆」；(2)隨社經地位者的下降，危機程度呈非直線趨勢上升；(3)離婚或分居者產生中年危機的壓力比其他婚姻狀況者高；(4)無宗教信仰者產生中年危機的壓力比有宗教信仰者高；(5)三十六至四十歲是中年人自覺壓力最大時期。

　　某一個年齡層所呈現的現象，不僅揭露著人口的特徵，也呈現著與社群互動的關係。這就是社會學中人口單元所企圖探求說明的。

8.1 人口現象

　　人口是生活在特定社會制度、特定地域、特定時期，具有一定數量和素質的人的總稱，人口也是社會物質生活的必要條件之一。人口狀況即人口數量的多少、素質的高低、增長的快慢、聚居的密度等等，對社會的發展具有加速或延緩的作用。人口不僅具有靜態的特徵，而且具有動態的發展過程。人口會

由於出生、死亡和流動等因素的影響，而處在不時地進行新陳
代謝的過程之中。

人口是社會存在和發展的第一基本要素，是一切社會活動
的主體，又是社會生產力構成要素，因此，只有具備一定數量
的人口，社會才能夠存在，使人口永遠處在錯綜複雜的變化之
中。人口具有出生、成長、衰老、死亡的生命過程，有新陳代
謝、種族繁衍、基因遺傳、體質變異等生理機能。人口的自然
屬性對人口數量和素質、性別和年齡、生產和再生產、生命週
期等有重要影響。人口的社會屬性是人口作爲社會主體所具有
的特徵，如使用工具進行創造性的活動，以創造出豐富多彩的
物質和精神性文化。人口的自然屬性是社群存續和發展的自然
基礎，人口過少，則導致勞動力缺乏；人口過多則勢必造成人
口壓力，並轉化成生態、經濟、社會壓力甚至政治壓力。因
此，必須保持適度的人口數量，才有利於社會的發展。

人口政策則是國家調節和干預人口發展變化所採取的態
度、手段和措施，是一定歷史時期人口領域內的政策、法令的
總和，其目的是使人口過程和社會經濟發展相協調，使它們朝
著既定的方向發展。人口政策是國家的基本政策，通常有廣義
和狹義之分，狹義的人口政策是指直接調節人們生育政策、保
健政策等；廣義的人口政策是指政府爲了達到預定的經濟、社
會發展目標，而採取影響生育率、死亡率、人口年齡結構、人
口生理素質、文化教育程度以及人口遷移和地區分布等方面變
化的一系列措施；具體有移民政策、教育政策、就業政策、社
會福利政策等的公共事業政策。人口政策是一個政府的基本國
策，世界各國的人口政策大致可分爲兩種類型：一是限制人口
增長，以鼓勵晚婚、晚育，控制生育子女數的方法來調節人口

增長速度，限制人口增長；二是鼓勵人口增長。它提倡早婚、早育、多育以加快人口增長速度，擴大人口規模。從人口政策所調控的範圍來看，主要有：

1.調節人口自然增加的政策。它可以直接規定預定時期的人口規模或自然增長目標，也可以規定最低結婚年齡，藉以影響生育率的變化。

2.人口遷移政策。政府為了改變人口地區分布，對遷移實行法律控制的措施。

3.人口分布政策。使人口數量與社會發展、社區建設相配合，以達到人口密度的合理標準，用以確保生活品質。

4.國際移民政策。由於人口政策是國家在人口領域內採取的措施、法令的總和，因而其制定政策要考慮到社會政治、經濟、民族、文化、宗教、思想、生態、環境等因素。

人口現象是指：「一個人口區域所呈現的任何狀態或特徵，都可稱為人口現象。」一般按人口的狀態分為動態人口與靜態人口，前者指人口的出生、死亡，及遷徙等現象；後者指一地人口在特定時間之內的數量及其組合情形。人口學（Demography Population） 是研究人口過程及發展規律的科學。所謂人口過程，是指一個社會人口的自然變動（人口的出生和死亡）、遷移變動（人口在空間上的移動）、社會變動（人口社會構成的變動）這三種變動的總和。人口過程首先表現為人口數量的增減，即人口規模的變化。從世界範圍內來說，人口是逐漸增加的，而且增加的速度越來越快。從公元開始經四百五十年，人口增加了一倍，第二個倍增期為四百年，第三個倍增期為七十五年，接著是五十年，三十八年。地球上從有人類開始達到第一個十億人口用了至少一百萬年，而達到第二個十

億，只用了一百三十年，到了第三個十億用了三十年，第四個
十億僅用十五年。爲什麼人口的絕對數字會加速增長呢？因爲
人口增長和自然數的積累不同，即人口增長不是線性增長而是
指數增長。人口的基數越大，增長越快；人口類型越年輕，生
育人口越多，人口增加也越快。

　　人口的增長與物質生產之間要保持適當的比例關係。在一
個社會中，作爲消費者的是全體人口，而作爲生產者的只是總
人口中的一部分。如果作爲消費者的人口不成比例地大於生產
者的人口，就會增加社會的負擔，甚至影響到社會的發展。因
此，人類社會必須實行計畫生育，有計畫地控制人口的增長，
使人口的增長與物質生產的增長相調適。

8.2 人口過程

　　隨著人類社會向前發展，人口素質高低對於社會生活的影
響越來越大，客觀上對於人口素質的要求也就越來越高。人口
過程還表現在人口素質的變化，包括人的體質、智能和職業的
變化。一個國家的盛衰興亡，與其民族的素質有很大關係。人
口素質高低既有先天遺傳方面的原因，也有後天教育方面的原
因。文明的民族都根據科學的知識，注意優生，避免近親通
婚，避免嚴重生理缺陷的遺傳，以求繁衍出體格強健、智力優
秀的後代，特別是在現代化的國家裡，更是注重發展國民教育
和公共體育衛生，不斷提高人口的專長和健康，以適應社會發
展的需要。

　　人口過程是一個社會過程。人口的增加是以生物因素爲基

礎的，人的生育行爲不單純是生物行爲，而是社會行爲。爲了說明人口過程，茲簡述下列幾項人口變化有關的詞彙。

一、粗出生率

粗出生率 （crude birth rate; CBR）是指一年內某一地區每一千位年中人口之出生數。

二、粗死亡率

粗死亡率 （crude death rate; CDR）是爲一年內某一地區每一千位年中人口之死亡數。

三、粗結婚率

粗結婚率 （crude marriage rate; CMR） 係指一年內每一千位年中人口中所有結婚的對數。

四、粗離婚率

粗離婚率 （crude divorce rate; CDR）係指一年內每一千位年中人口中所有離婚的對數。

五、性別比

男女兩性的分配狀態即它的性別組合；男女人數的比例即

稱爲性別比例（或簡稱性比例）。這是人口組合最簡單的測量方法，通常是指一時一地的人口中每一百女子與男子人數之對比，即以女子人數除男子人數再乘以一百，所得結果就是性別比例。

六、生育率

生育率（general fertility rate; GFR）指育齡婦女人數與在一年之中生育活嬰數量之比，亦即一年內每一千位十五至四十九歲育齡婦女平均之活產數。

七、自然增加率

自然增加率（nature increase rate）係指一個國家或地區全年人口成長數（出生人數減死亡人數）對該年年中人口數的比率，以千分比表示之。

八、社會增加率

社會增加率（social increase rate）係指一個國家或地區全年人口遷移數（遷入人數減遷出人數）對該年年中人口數的比率。

九、平均餘命

平均餘命又稱平均壽命或預期壽命，係指滿×歲生存者人

口，在假定現在的衛生狀態不改變的條件下，一直生存至無生命時之個人平均生存年數。例如：二十歲人口中，不論其壽命長短，若台灣地區之衛生狀態一如 2003 年的水準而持續下去的話，平均而言，男性尚可生存五十三 年（ 七十三歲減二十歲），女性尚可生存 五十八年（七十八歲減二十歲）。

十、人口金字塔

人口按年齡與性別來分配，通常是以累疊的橫格圖來代表之，稱為人口金字塔 （population pyramid） 。其中各種橫格代表連續的年齡組，每組距為五歲，最低的年齡組放在底層，順序而上，最高的年齡組放在頂端，從頂端到底層在累疊的橫格中間畫一直線，其左邊的指示男性各年齡組所占百分比，其右邊的則指示女性所占百分比。

十一、人口遷移

人口遷移（population migration）是人口動態的一種，普通限於涉及有較長期居住變更的人口遷徙，並非指任何一種人口移動。例如：甲地人口移往乙地從事較長期的居留，這才叫作遷移。從甲地的立場來說，這種人口移動稱為人口外移（emigration）；從乙地的立場來說，則稱為人口內移（immigration）。

8.3 人口理論

　　人口理論（population theories）是關於人口現象、人口過程、人口規律及人口因素與社會發展之間相互關係的思想觀點與學說體系，不同的人口理論反映著不同的世界觀和社會背景。人口理論強調的是社會經濟規律和人口變化，因此，每一社會形態也都有相應的人口思想和人口理論，而且人口理論也是隨著社會經濟的發展變化的。由於人口因素日益成為影響社會生產過程的一個重要因素，於是引起人們的重視，逐漸出現了較為系統的人口理論。最早專門論述人口理論的著作，是馬爾薩斯的《人口原理》。由於人口發展對社會發展有重要作用，可以促進或延緩社會的發展，是以十九世紀後半期以來，人口學的研究發展迅速，提出了眾多的人口學說。其中影響較大的有：人口增長、人口結構與社會經濟發展的關係、人口發展與社會問題之間的關係、人口的社會控制問題、人口質量問題、人口過渡理論、人口與資源的關係、人口的合理分布問題、人口發展對人們社會物質、文化生活的關係等等。研究人口理論的目的在於揭示有關人口因素對社會發展的影響及其作用的機制與規律，以制定人口發展規畫，以及人口發展與國民經濟發展的合理比例。

一、馬爾薩斯人口論

　　英國人口學家馬爾薩斯於1789年發表《人口原理》，由此奠

定了其關於人口學說的基礎。在這本著作中,馬爾薩斯從兩個抽象前提出發論證其人口理論:第一,食物為人類生存所必需;第二,兩性間的情慾是必然的。認為人口增殖力比土地生產人類生活資料的能力更為強大,即人口在無妨礙時,是按1、2、4、8、16、32、64、128、256……的幾何級數增長,而實物則是以1、2、3、4、5、6、7、8、9……的算術級數增長,因此,食物供應量的增加永遠趕不上人口的增加,從而他斷言社會貧困和罪惡是人口增長快於物資增長這一人口自然規律所造成的。為了有效防止人口增長過快的辦法:(1)積極性抑制,如飢荒、災害、疾病、戰爭等等;(2)預防性抑制(道德抑制),如禁慾、晚婚、晚育、不結婚等,他認為這就是支配人類命運的人口自然規律的基本內容。馬爾薩斯人口論根據上述觀點引伸出幾點基本結論:

第一,貧窮和罪惡是人口規律作用的結果,而不是社會經濟和政治制度造成的。廢除私有制度不但不會消除貧窮和罪惡,反而刺激人口增長,帶來更大的貧困和痛苦。因為在平等制度下,婚姻自由,生活改善,必然會刺激人口增加,最終使這一制度趨於瓦解。

第二,只有私有制度才能消除人口的快速成長。私有制使人們自己負擔養育子女的責任,為此,他們必會自制,不至於生育更多的子女。

第三,工人的工資受人口規律的支配,工資水準隨人口的增減而變動,如果工人人口增加,工資就下降,反之就上升。因為維持工人的生活資料是有限和固定的。

第四,濟貧法使那些不能維持家庭生活的人結婚、生育子女,實際上是供養貧民再養貧民,會促使人口增長,因此,他

極力反對當時施行的濟貧法。

二、新馬爾薩斯主義

近代西方流行的一種主張用避孕方法來限制人口增長的馬爾薩斯主義者的人口理論，其基本觀點與馬爾薩斯相同，也認為人口增長比物資增長得更快的趨勢，是永恆的自然規律，工人的失業和貧困是人口增長不可避免的結果。馬爾薩斯反對用避孕方法來節制生育，而主張實行所謂道德抑制來限制人口增長。部分人口學研究者不贊成馬爾薩斯禁慾主義道德抑制，他們提倡用避孕方法來節制生育，這種理論後來被叫作新馬爾薩斯主義。1870年代新馬爾薩斯主義開始盛行起來，爲了擴大其影響，他們成立了自己的同盟組織，出版自己的著作，宣傳自己的觀點，推行節制生育運動。1930年代後，新馬爾薩斯主義得到進一步發展，面對新形勢，他們廣泛探討了人口質量、人口分布、人口遷移、人口投資以及自然資源、經濟增長、社會福利、生態平衡、環境污染等與人口研究有關的因素，並採用人口統計學和數學工具來分析人口研究有關的因素。

三、人口轉變論

人口轉變論（demographic transition）亦稱人口過渡論或人口演變論。它是一種依據歐洲國家人口出生率、死亡率和人口自然增長率等，描述人口變動和發展過程中不同階段特徵，並分析各自成因的人口學說。其基本觀點是，人口過程不是一個獨立自行運動的過程，而是與社會經濟條件變化密切相關的過

程。最早出現在1920年代初的西歐，形成於1930年代中前期，第二次世界大戰後在西方十分盛行。

　　人口轉變論論述「人口轉變」，即從高出生和高死亡時代到低出生、低死亡時期的轉變，把生產力看作是人口過程的主要因素，此項理論強調，自古以來人口變動的三大階段及其各自的特點。人口發展分為三個階段，即原始的、中期的和現代的，它們分別與各經濟發展時期互相適應和依次更替。原始階段，生產力水準低下，經濟因素主要透過死亡率來影響人口發展，對生育率沒有抑制作用，人口增長的限度決定於生活資料。中期階段，為維持既得生活水平，人們往往較晚結婚從而降低了生育率和人口增長速度，經濟因素對人口發展的影響是透過婚姻來達成的。現代階段，較高的生活水準和伴隨經濟發展而來的心理變化，逐步完成了人類生育觀的重新塑造，人們通常自覺地限制家庭規模，生育普遍降到低標準。根據生育率普遍下降甚至低於替代水平的現象，認為在現代，馬爾薩斯所說的人口過剩已不存在，新的問題則是人口不足。縱觀人口發展的歷史，大體上分為：第一階段，人口出生率高，死亡率高，人口處於穩定狀態；第二階段，人口出生率沒有降低，但死亡率降低很快，人口增長較快；第三階段，人口出生率和死亡率降低，人口重新處於穩定的狀態。人口轉變論強調由於工業化和都市化的發展、婦女地位的變化、就業率的提高、教育的普及，目前發達國家已進入第三階段。發展中國家處於第二階段，並開始向第三階段轉變。整個世界將隨著經濟的發展與社會進步，轉向新的人口穩定狀態。當代人口轉變論認為，全球大部分地區的人口劇增已成為這些地區現代化的主要障礙，為減輕經濟發展的負荷，發展中的國家只有不斷努力降低出生

率，別無選擇。人口轉變論對人口變動和發展的闡釋及研究人
口發展有相當參考價值。

四、社會毛細血管理論

　　一種關於人口生育率轉變的理論，十九世紀末期由法國著
名社會學家、人口學家迪蒙（Demo）所創立。迪蒙認為人口出
生率下降是現代社會文明發展的結果，是由於社會和心理因素
造成的，是社會毛細管作用的產物。在他看來，伴隨著社會文
明的進步，產生了個人向上發展的強烈慾望，正像油燈的油由
於毛細管作用會順著燈芯不斷往上飛一樣，受向上發展的慾望
驅使，社會中的每一個人都努力往更高的社會地位前進，人人
都有不斷向上發展的慾望和可能。上升的機會越多，上升的慾
望越大，社會毛細管現象也越強。個人為了滿足自己向上的慾
望和要求，寧願減少生育，以減輕養育子女的負擔，從而減輕
向上發展的阻力，正是這種社會毛細管運動，導致人們有意識
地控制子女數量，使出生率得以不斷下降。

　　就人口統計概況相較於歷年統計，可知台灣人口結構迅速
改變，從個人、企業、社會、到國家公共政策，都將遭受空前
衝擊，其影響的層面包括人口危機的社會：由於節育觀念及社
會價值觀影響，台灣目前平均每對夫婦只生育一‧二個小孩，
使1990年代的嬰兒數比1960年代整整少了一百萬之多。按年齡
組來觀察，零至十五歲年齡組人口自1984年起開始減少，十五
至十九歲年齡組人口從1999年起開始減少。隨著年輕人慢慢減
少，而小孩子勢必更少的局面，將使得青壯年人口數快速萎
縮，四十年前的人口結構為金字塔型，現在金字塔底層已慢慢

縮小，頂尖擴大，未來人口結構圖的形狀像一根直柱子。不僅影響社會的延續，亦造成勞動力的不足。根據人口學家推估勞力不足的社會：二十年後，二十五歲到三十歲的青壯年勞動人口，將比現在減少四十多萬人，將使得勞動力驟減，形成勞力不足的社會，同時也將導致公共建設的極限問題。幼齡人口逐年減少的趨勢，到2020年，台灣的總人口會減少。而且當一個國家的人口老化之後，對公共建設，如鐵路、公路等的利用會相對減少，而總人口的減少也會減少對公共建設的利用。諸如：就學人數減少後的學校教育必須重新考量。現在適於讀小學、國中的人數已在大量減少，而適於讀高中的人數也在減少。這種趨勢馬上會影響大專院校的就學人數。這些變化牽涉到教師的培植與就業、轉業問題，也牽涉到學校建築的增設及利用問題。

　　1994年台灣人口結構中，六十五歲以上人口占總人口數的7%，達到聯合國所稱「高齡化社會」的標準。未來台灣人口老化的速度將會更快，老年人人口成長速度會一直增加，根據人口學家推估到2011年，老年人口將達到二百四十萬人，占全人口數的20%，加上生育率下降，幼年人口減少，牽動著高的扶養比，必然衝擊著原有的社會結構，也將影響社會福利制度。如同世界銀行在「避免高齡化危機」報告中指出的警告：「高齡化使世界上所有國家的社會安全制度都面臨危機」。「如果不阻止債款增加，留給後代子孫的將只剩下債務而已」。1956年至今，每年人口增加率均在百分之3.5%以上，這些增加的人口現在均逾六十五歲。今後他們的安養問題與醫療問題會越來越多，對整個社會的負擔也會越來越重。

　　「兩個孩子恰恰好，一個孩子不嫌少」的口號已經無人再提

起，家庭計畫也改變了控制人口急速成長的主張，原因是孩子出生率降低，台灣人口成長在銳減中。事實上，這個現象在1984年就已出現了，其帶來相當廣泛而深遠的影響，對此一趨勢不可忽視。儘管台灣總人口仍在增加，但增加趨勢十分薄弱，按目前人口銳減的情況來看，尚沒有一種力量能扭轉這個趨勢。我們就應認真考慮它，尤其考慮它所衍生的問題，以及解決之道。

9. 社會團體與群我倫理

　　群體縱使再大，如果大家的行動都根據個人的判斷和慾望來指導和作為，那就不能期待這種群體能抵禦共同的敵人和對內制止人們之間的侵害。

湯瑪斯・霍布斯（Thomas Hobbes）

　　就學理而言，一個個體能夠順利完成社會化以進入團體生活，端賴家庭、學校、同輩團體、職業團體、大眾媒體等機構對個人的教化，其中家庭是個人社會化的第一個單位，也是最重要的單位。而學者研究亦發現，家庭環境是導致少年犯罪形成的主要因素，包括：父母對子女親情的剝奪與虐待、管教態度過於嚴苛、教養觀念紛歧、家庭功能解體、家庭氣氛惡劣、家長素養偏低、父母親不正確的價值觀與社會態度等。足見家庭功能不彰，對兒童及青少年的影響深遠。

　　當人類出生時，家庭便負起哺育、養育、教育的責任，家庭左右個人的人格發展，也塑造個人的態度、信仰和價值，透過父母兄弟姊妹的互動，個人得以漸次成長並參與社會。只有在家庭，兒童才能滿足一切需要，經由家庭引導並學習社會角色，是以家庭提供了一個人人格形成、人格教化及人格發展的條件。根據佛洛伊德的分析認為：發展兒童的「超我」（super ego）是家庭對於個人教化的主要功能，它慢慢地灌輸給兒童有關道德價值及社會規範，於是兒童獲得了控制其行為的有效指導，也因而能夠順利參與社會生活。中國傳統上有「三歲看大，七歲看老」的俗諺，亦說明了家庭對個人人格陶冶的重要性。良好而健全的家庭教育將使兒童能清楚認知社會角色，並且使得個體能夠圓順地展開日後的生活，家庭對於個人人格發展的確具有絕對性的影響力。事實上家庭所扮演的功能是綜合的、多樣的，個人的許多問題，如果能夠在家庭內加以解決，則此項問題就不必延伸到社會，因此，家庭不出問題，社會的問題也較少；相對的，家庭不能加以解決的問題，勢將造成社會花費更大的成本加以解決。究此，可以看到像家庭這樣的團體對人們與社群的影響性。

9.1 團體的定義

　　個人與團體關係密切，團體是個人與社會的中間橋梁。社會唯實論者強調，團體是一個實體，其蘊涵的團體意識、團體文化、團體規範等等，深切影響個人，同時個人是經由團體納入整個社會系統，由此可見團體對個人的影響性與重要性。綜合社會學的觀點，所謂團體：「乃是二個或二個以上的人，他們彼此交互影響，以便每一個人能影響他人或受他人影響。」（葉至誠，1997：298）所以社會團體是人們經由一定的社會關係結合起來進行共同活動的集體，是人們社會生活中的具體單位。

　　團體生活是人類生活的基本單元。人類之所以要群居，有三個方面的原因：

　　第一，生產上的需要。人類的物質生產活動是社會性的活動，個人不能孤立地進行生產。無論是原始社會，還是文明社會的生產，人們都必須聯合他人共同勞動，並交換勞動及其產品。

　　第二，安全上的需要。人類結群生活，是為了共同預防和抗拒自然界、其他社會團體和野獸的侵犯。現代社會人們的安全除了身體安全之外，還包括心理上和事業上的安全。

　　第三，精神上的需要。「人非草木，孰能無情」，人的精神生活，包括信仰、情操、態度、價值、觀念等，離開人的群體生活，非但不能發生，而且沒有表達和交流的對象。

　　團體就性質來說是人們社會結合的一種雛形，一種最原始

的方式，從這種雛形開始，人們發展更多、更複雜的群體。另一方面，團體也是社會的主要縮影，我們將可以透過這些群體，看到社會的一些最基本風貌。這種群體，對人的個性和個人的行為產生深遠的影響。團體的功能如下：

1.團體是人們進行社會化的最基本單元，提供人們社會生活的最基本環境，它總是長期提供給人們進行活動的基礎領域。

2.團體是個人走入社會的橋梁。個人無論從生理成長、心理發展以及生活技能的學習，都要緊密地依靠。

3.團體能發揮穩定社會的作用。團體既是廣大社會的縮影，也是組成大社會的細胞，因此它的發展和存在如果是健康的、穩定的，那就對整個社會產生穩定作用。

不僅是人類有團體生活，許多動物也有群體生活，如蜜蜂、螞蟻、雁鳥、猿猴等，都是結群生活的，但是，人類的群體生活和動物的群體生活有本質的不同。首先，動物的群體生活是自然選擇的結果，人類的群體生活是社會發展的結果。人類的群體生活，不僅僅是為了適應自然，更重要的是為了改造自然。其次，人類群體生活的本領和行為規範，是後天學習的，不僅是學習，而且有自己的發明創造。第三，動物群體生活的形式、內容、活動規則的變化十分緩慢，人類的群體生活則變化很快。

社會的群體不是簡單的個人集合體。人類的群體，是人們依據社會關係結合起來形成的。短暫的邂逅，即令彼此有了很好的印象，如果不能繼續交往下去，也無法形成社會關係。由此可知，社會群體不是一個簡單個人集合體，電影院裡的觀眾、街頭巷尾因某些突發事件或交通阻塞偶然聚集起來的人群，火車、汽車中坐在一起的乘客，都不能算是一個社會團

體。按照社會現象分類的人群，如老年、青年、兒童、男人、女人等等，也都不能視爲一個團體。

9.2 團體的性質

團體指人們經由一定的社會關係結合起來進行共同活動的集體，是人們社會生活中的具體單位。其展現的社會行爲是：

1.有明確的成員關係。這主要表現在群體內成員與群體外的人可以透過某種標示區別開。

2.有一致的團體意識。就是團體成員中所形成的一種關心群體榮辱興衰的思想情感。

3.有持續性的互動關係。團體成員會根據組成的目的，產生持恆的互動作爲，以發揮團體功能，並藉以滿足個人的期待。

4.有一致的規範。一致的規範構成團體存在和發展的維繫力量。

社會團體是個人生活和活動的重要場所，是個人與社會聯繫的橋梁。研究社會群體概念和理論對人們深入瞭解社會具有重要意義。

依據社會學家唐納（Turner）的觀點，社會團體應有下列幾點特徵：

第一，團體是一個由少數成員組成的社會單位，由少部分的職位所組成。例如，人數約數十人的班級，是個較大的團體，但所組成的職位卻只有教師及學生。家庭通常是個很小的團體，其成員大多數在五、六人左右，而組成的職位也很少，通常只有父母及子女。

　　第二，團體的職位都有一定的規範。例如：家庭中不同的角色有不同的規範，以指導不同分子的行為，甚至於最親密的友誼團體也存在著對彼此行為的期望。

　　第三，團體的職位與規範具有互惠的性質，而且從彼此的關係中獲得行為的意義。例如：父親的職位是由孩子的期望來界定，教師的職位由學生來界定。職位所屬的規範也是互相關聯的，對父親的要求等於是孩子的期望，學生希望教師認真講解，而教師也希望學生聽講與做筆記。

　　第四，團體經常以社會控制作為規範的手段，以確保每個分子對於規範的順從。就社會團體而言，社會控制主要是經由非正式的制裁來實行，這種制裁方式可能是言辭與行為，或其他為了促使分子順從規範而設計的符號。例如父母以獎懲作為對子女管教的方式，父母的管教是為了讓子女瞭解他們所期望的行為模式。

　　第五，團體常顯示出變遷的能力。團體分子常會在成員面對面的互動中協商他們的期望，但這並不表示團體是靜態的，因為團體有其變遷的能力，它們具有彈性因而產生形態上的改變。

　　綜觀上述，可見團體絕對不同於無組織、無秩序、無規範的人群集合，它是有組織、有秩序、彼此互相依存、有歸屬感與認同感，並且持續互動的二人以上的結合體。

9.3 團體的類型

　　團體雖然是由兩個或兩個以上具有心理互動或是互相影響

的人所構成的。但由於不同的衡量標準，產生團體的形態也不同。社會學將團體的分類區隔為下列數種類型：

1.就組織形態區分：有正式團體、非正式團體。

2.就組織意志區分：有志願團體、非志願團體。

3.就組織立場區分：有內團體、外團體。

4.就組織關係區分：有初級群體、次級群體。

在上述的說明中，最受社會學重視的為初級團體與次級團體，因為其與個人關係密切，其中初級團體主要的特質可歸納如下：

第一，規模小。是指二人以上至三十人左右的小群體。正是由於成員少、規模小，才能建立起私人性帶有濃厚感情色彩的社會關係。當人員增加到一定限度時，其關係就會趨於表面化、正式化。

第二，目標一致，聚合力強。在初級團體裡，個人目標與群體目標表現相當一致，有時，成員的個人目標可以變成群體目標。群體目標在眾多場合下，能夠變成個人的自覺行動，例如：同輩群體（peer group）是把自己看成或被別人看成是在更大的社會裡處於幾乎同等地位的一群人，這種地位可以根據非常廣泛的標準來確定。

第三，面對面的互動。所謂面對面的互動，是互動的雙方都是互動的終點，而不必經由第三者轉達。只有面對面的互動，才能使互動雙方或各方彼此加深瞭解，產生一種親密的感情。

第四，一定的持久性。群體成員的互動是經常反覆進行的。在長期的接觸與互動過程中，彼此之間加深瞭解，建立感情，從而形成維繫團體存在的意念。初級團體是由面對面互動

所形成的，具有親密的人際關係，它對個人的人格塑造產生相當的作用，成為社會學家所重視的一種團體形態。

至於次級群體亦稱間接群體，美國帕克提出的社會學術語，指人類有目的、有組織結合的一種方式。這種群體不受血緣或地緣的限制，各個人之間不一定有接觸，它與直接群體不同，規模較大、人數較多、有嚴密的組織、成員間的接觸是間接的，軍隊就是一例。它有正規的指揮系統、等級制度、嚴格的紀律，它的組成不是基於感情，而是基於功利。它的起因大致有四：

第一，個人力量有限，由個人組成群體，群策群力，統一行動，方能發生力量。

第二，在有組織的群體中，能夠有效地、有秩序地分工合作，達到預期的目標。

第三，有價值的事業和思想的保存與傳播，雖有賴於個人，但往往不如有組織的群體那樣持久，那樣有系統。

第四，只有在有組織的群體中，才能發揮集體智慧，對於紛擾雜陳的事物，取其合於社會需要的來推動社會的前進。例如：職業群體也稱為工作群體，是為人們提供就業場所與機會的群體。職業群體最基本的原則是功利和理性，即不是感情與隨意性，同時具有高度分化與嚴密的組織。工作群體分工主要依據的是成員的知識技能，並通過有關秩序的分工合作達到預期的目的。職業群體本身具有多層次的結構，成員較多，相互之間不可能直接接觸，主要透過間接形式溝通，它是保存和傳播人類有價值的事業與思想的主要承擔者。職業群體屬於次級群體，其成員相互之間並不發生直接和個人的互動。

除了上述的幾種團體類別之外，社會學中亦強調「參考團

體」。所謂參考團體，是指我們在面臨各種態度或各種行動方針時，必須從中選擇其一而可給我們做參考的那些團體。參考團體提供個人以價值、行為標準，甚至特殊的自我意象。人們藉諸「參考規範」，以確立他們自己的行動標準，經由參照參考團體的標準與表現，模塑他們自己，進行評價，以調適他們的行為。

9.4 團體的寫照──家庭

家庭是建立在婚姻和血緣關係基礎上，以夫妻子女為基本成員的共同生活所組成的基本社會團體。家庭的性質是由社會性質決定的，具體地說，是由社會生產方式決定的，即有什麼樣的生產方式，就有什麼樣的家庭。概括起來，家庭有以下共同的特徵：

1.家庭是一種最普遍的社會組織：從古至今，世界各國各地，都存在著不同形式不同性質的家庭，並且都是社會生活的基層組織。

2.家庭是個人生活最依賴的組織：人的一生中，絕大部分時間是在家庭中度過的，同時與個人生涯中最重要的歷程息息相關，而家人往往影響著個人重大事務的抉擇。

3.家庭可以滿足個人多元的需要：生理的、心理的、精神的各種需要，都可以在家裡得到滿足，這是其他社會團體所不具備的。

4.家庭是一個最親密的社會團體：家庭關係，包括夫妻關係、親子關係、兄弟姊妹關係，情同骨肉，不可分離，這是任

何其他社會關係都無法比擬的。

5.家庭成員的權利義務持久穩定：個人對家庭的責任心，要比對其他社會組織的責任心更加強烈和自覺。

6.家庭成員之間的互動出於自覺：家庭成員之間的互動和履行家庭義務，帶有強烈的感情色彩，受道德的制約勝於法律，所以一般表現為自覺的行為，不須監督。

7.家庭是個世代更替的社會組織：每一個家的存在是暫時的，最長不過幾十年，然後就被下一代的家庭所代替。

家庭的功能是受家庭的性質和結構制約的。除生育這種最基本的功能以外，其他功能則因不同時代、不同民族、不同國家和不同性質的家庭，有很大的變化，但是概括起來，家庭的一般功能有以下幾個方面：

一、生育功能

家庭承擔著為社會發展生育人口的重要職能。生育包括生與育兩個方面，這兩者都必須在家庭中實現。生的前提是受孕，受孕是由性行為造成的，而人類的性行為是在一定的婚姻家庭制度和一定的倫理道德觀念的指導下進行的，亂倫和雜亂的性交都是文明社會不允許的。把性生活限制在夫妻之間，以婚姻家庭的形式來滿足人的性慾要求，有利於確立親子關係，有利於對子女的教育和撫養、建立社會秩序以及社會的發展和進步。育就是養育，兒童需要由家庭來撫養，這不單是出於兒童生理上的需要，而且是社會需要，撫養子女是家庭的一個重要功能。

二、生產功能

家庭的生產功能是歷史性的，而消費功能是永存的。在農業社會，生產基本上是以家庭為單位進行的，家庭既是一個社會生活單位，也是一個生產單位。

三、精神功能

家庭的精神生活是長久發揮作用的家庭功能之一。精神生活包括家庭成員之間思想感情的交流、家庭娛樂、人生觀、價值觀、宗教、道德和法律等觀念的灌輸和養成等。隨著社會生產和生活的社會化，家庭精神生活的一部分內容，將由社會代替，但是有許多內容，如家庭成員之間的感情交流和互相依託，即所謂天倫之樂，只能在家庭中實現。

四、 贍養功能

贍養老人是中國家庭的一項重要功能。贍養包括滿足老人的物質生活和精神生活兩個方面的需要，尤其是隨著人口高齡化及社會福利財源的窘境，家庭於老人贍養上更具有重要的意義。

團體屬於基本社群，具有親密的、面對面結合和合作的關係，與個人互動相當密切，美國早期社會學家顧里認為，團體對個人而言是感情的結合，有直接的、面對面的親密接觸，範圍小、人數少，關係頗為持久，對人性和人格的發展影響最大

等特色，在現今社會中與人格陶養、社會教養、群體歸屬、環境認知息息相關，自然受到社會學的重視。

社會組織與組織效能

在社會結構中，一種真正的行動整合只有依靠制度化的價值的內化才能產生。而管理乃是系統社會中主宰機構制度的器官。

塔爾科特·帕森斯

　　華爾街傳奇投資人華倫·巴菲特（Warren Buffett）曾說過一句名言：「我們的信譽是我們僅有的資產，沒有它，我們就一文不值。」這是睿智的警句，不過，專家指出為股東創造價值的信譽在未來是不夠的，成功管理公司信譽才是企業永續經營之道。奇異電器與微軟公司榮膺全球最受推崇企業的得主。根據獲獎的企業領袖彼得斯（Glen Peters）指出，在網路時代，想要成為備受推崇的企業應該重視四項價值，俾以維持公司信譽：

　　1.確保公司的經營執照：在這個需要保存有限資源的世界，永續經營將是新的道德規範。企業應當取之於社會，用之於社會。製造污染的工廠或是欺凌弱勢族群的公司，除了面臨立即的負面反應之外，更大的風險在於喪失信譽。

　　2.將顧客當成聰明買家：不論微軟是否能夠保持完整的現狀，或是被分割為數家獨立公司，都應該瞭解到客戶在做成購買決策時想要可以有所選擇。

　　3.追求全球性道德規範：許多大型全球企業在不同國家因經濟發展不同，而面對不同的法規，嚴格實行全球反貪污與賄賂政策。

　　4.聆聽全球社會的心聲：專心傾聽將是企業長壽之道。除了市場研究以及消費者團體之外，企業應當裝設超敏感的天線，自全球各個不同的社會角落接收訊息。

　　「政府再造」的目標，既然定位為「引進企業管理精神，建立一個創新、彈性、有應變能力的政府，以提升國家競爭力」，這就是一項具有高度意義的工作，即須注入「顧客（即廣大民眾）導向」的精神，一方面讓民眾確實瞭解政府進行這項改革的真意，另方面則致力改變所有公務人員的工作態度，激發他

們的服務熱誠，樂於隨時、主動、積極地爲民眾解決問題，向
績優企業學習，以塑造一個「效能取向的廉潔政府」。推動以
「人民」爲本位的高效能團隊，乃是我國面對日益劇烈的國際競
爭壓力，必須進行到底的工作。

10.1 組織的定義

　　社會組織是「存在於特定的社會環境之中，由相互間具有
有機聯繫的要素有秩序地組合起來，爲完成特定功能或達到某
種目標而建立，並隨著內部要素和外部環境的變化而尋求生
存、適應、變革和發展的一個複雜的社會系統」（葉至誠，
1997：326）。社會組織是指執行一定的社會職能，完成特定的
社會目標，構成一個獨立單位的社會群體，它是比基本社會團
體更複雜的社會組合方式。從社會學的角度看，工廠、學校、
工會、學會，以至政黨，都是社會組織。社會組織不是有史以
來就有的，它是人類歷史發展到一定程度才出現的事情。伴隨
著社會分工的程度和發展，人們在現代社會生活中幾乎離不開
社會組織。

　　社會組織有其自身的特點。從規模上看，社會組織是大型
的，成員眾多，它往往有幾百人、幾千人、幾萬人，甚至也可
以把國家看作一個巨型的組織。從組織內部的互動來看，往往
是遵循正式的行爲規範 （甚至形成文字的規章） 進行的，而且
其互動也往往是間接的。

　　社會組織是次級社會團體的主要形式，是人們爲了有效地
達到目標而建立的一種共同活動群體。它體現一種社會關係，

表現爲社會穩定關係的網絡；它有著清楚的界限，內部實行明確的分工，並確立了旨在協調成員活動的正式關係結構，如企業、政府機關、學校、醫院等等。社會組織的構成要素很多，歸納起來有以下幾個方面：

1.有規範性的組織章程，它是組織活動的依據，它說明組織成立的宗旨、目的及實現途徑，組織活動原則，組織的成立、變更、終止的條件或情由等。

2.有組織的領導、決策中心或權威的領導體系，對組織進行領導和管理。

3.要有一定的物質基礎和技術設備，此爲組織進行各項活動的前提。

4.要有較穩定的機關活動場所。當然社會組織是由多數人的集合、成員間相互依賴、彼此合作。依據不同的標準，社會組織可做不同形式的分類。

一般從社會關係的分類出發，將社會組織劃分成經濟組織、政治組織、文化組織、群眾組織、宗教組織等。西方社會學家一般將組織分作兩大類，即正式組織和非正式組織。正式組織是指組織成員間的關係比較正規和確定，其活動有詳細規定和嚴格要求的組織；非正式組織是指成員間的關係不像上述組織那樣嚴格、具體，而可以比較自由、隨便，彼此之間是一種自動自發的關係。社會組織不是一成不變的，而是隨著社會進步而不斷發展的。

在現代社會中的社會組織，往往具有特定的、明確的社會目標。社會組織有特定的組織目標，組織目標是由組織的性質所確定的，透過組織內成員的努力，達成所期望實現的狀態。組織目標規定了組織活動的方向，是組織內成員前進的動力，

其依據實現目標的期限，分爲長遠目標和短期目標。組織目標的實現，除了受環境變化的影響之外，主要是由組織結構是否合理決定。組織結構就是組織內部的權力、職位、任務和責任的劃分及聯繫，是一個權力地位體系。權力是由職務規定的，有職才有權。而職務是被組織編排成的一個等級序列，有高低不同，因而權力也有大小之分。

地位是個人在職務序列中的位置，有了一定的職務，就有一定的地位。組織結構的合理性與效率，來自兩個方面：一是分工、分權要合理，職務、權力、地位一致。二是人選恰當，職務只是給予擔當這個職務的人一定的權力，實現權力，還要靠個人的地位、聲望以及才能、學識、功績、品德等。因此，選賢任能是組織結構正常運轉的關鍵。

10.2 組織的分類

社會組織有多種類型，如經濟組織、政治組織、文化組織、綜合性組織等等。在人們經濟關係的基礎上建立並以經濟活動爲中心任務的社會組織，稱爲經濟組織，諸如生活組織、交通組織、金融組織、商業及服務組織等。政治組織是人們在政治領域中的組合形式，包括政黨組織、行政組織、立法組織、司法組織、軍事組織等。文化組織是包括各種研究組織、教育組織、文藝組織。綜合性組織是綜合了不同類型的社會關係所形成的一種組織體系，如國家。

社會組織是一個社會或一個團體內的各部分相互關係的總體。這是說，人類的社會組織不是散漫而無秩序的，社會的各

部分彼此都有密切的關係，是一個有系統的實體。一般性的組織具有以下基本特徵：

一、 組織的開放性

組織是一個有機的開放系統，而非機械的封閉系統。它不斷地與外部環境進行互動，以獲得資源，然後予以認知、分析、判斷、評估，形成決策或計畫，最後向社會提供產品和服務。

二、 組織的生態性

作為生態系統，對外組織必須感知、瞭解、分析外在環境的變遷，從而不斷地加以適應、變革、謀求生存和發展；對內必須就所掌握的人、財、物、時、地等內部資源做統一的整合使用，從而保持新陳代謝、不斷發展。

三、 組織的意識性

組織的主體是人，是由人們的行為互動而形成的人際關係模式，是人們之間相互影響和協調的一個合作系統，它具有較為明確的團體意識、價值觀念和行為規範。

四、 組織的整合性

儘管從不同角度來分析，構成組織的要素各種各樣，但各

種要素之間具有相互依存的關係，組織是建立在各種要素有機結合的基礎之上。

五、 組織的目標性

任何組織的建立總是爲了實現某種目標，獲取某種利益，即具有自己既定的目標。組織正是圍繞目標形成、運行和發展的。社會組織是人類社會存在和發展的要件，人正是憑藉組織的力量使自己擺脫自然狀態，又使自身不斷得到發展。組織擴大了個人的力量，造成一種新的力量，當人們經由組織把許多孤立的個體結合成一個能動的團體時，它所產生出的力量遠遠超過同樣數量單個人力的「機械總和」，進而提高了工作的效率。

社會組織複雜多元，情形各異，學者們爲便於研究起見，常依其特性進行分類，但因分類標準不同，故有不同的組織分類：

1.權威基礎：強制性組織、功利性組織、規範性組織。

2.分工關係：正式組織、非正式組織。

3.受惠情形：公益組織、服務組織、企業組織、互利組織。

4.權力分配：集權與分權組織、完整制與分離制組織、首長制與委員會制組織、層級制與功能制組織。

5.功能標準：領導組織、幕僚組織、實作組織、顧問組織、營業組織。

6.社會生活：親族性組織、文化性組織、經濟性組織、政治性組織。

其中與現代人關係較爲密切的是正式組織，正式組織

（formal organization） 是人們為了達到特定目標，經由人們設計，在勞動分工、職權分配、層次劃分的基礎上建立的關係模式。也就是我們在一般意義上所說的組織，它是相對於非正式組織而言的。正式組織的主要特點是：

1.經過規畫設計而建立，並非自發形成。

2.有明確的組織目標。

3.組織成員的活動有明確的規則和制度。

4.組織內各個部門的職責、權限均有明確規定。

5.組織內部的各個職位，依照等級原則進行法定安排，形成自上而下的等級系統。

社會組織間各部門具有固定的關係，但這並不是說組織是缺乏變遷的，在現代社會裡，一切社會組織均在不斷變動、不斷發展、不斷適應，無論在功能及結構方面，為維持組織的繼續生存，必須隨著環境適當的調適。易言之，社會組織是團體或社會內部關係的體系，其所組織的分子非彼此獨立，而是互有聯繫的，這種關連的性質決定社會單位的類型。

10.3 組織的運作

任何一個社會都有若干基本需要，這些需要如得不到滿足，此一單位便不能繼續生存，而且，能夠滿足這些需要的諸種因素是互有關連的，一個發生變化，必導致其他因素也發生若干變化。社會系統究竟有哪些基本需要呢？社會學家認為任何社會單位都有四個基本需要：(1)適應環境；(2)完成目標；(3)內部團結；(4)維持其文化模式。組織不過是一個具體而微的社

會系統，也有這些基本需要，如何獲得它所需要的資源（人、財、物、地），是其適應環境的問題；如何運用已獲得之資源，以完成既定的目標，是第二種需要的滿足。組織的內部團結問題，是指如何使工作人員能做最大的努力，達成組織所分配給他的任務。第四種需要是指組織爲使其工作人員和社會大眾瞭解並接受其存在價值而做的種種活動，以達成所建構的目標。由社會結構的觀點以說明社會組織，則可以發現組織運作具有下列的特性：

一、目標願景

　　社會組織能順利的運作，需要使成員能夠具備統一的價值觀，該價值觀所反映的是組織成員對組織目標的共同信念與努力方向，這種價值觀不僅影響到組織的團結，還影響到組織成員的行動。另外，組織是一個分工的職能體系，組織爲完成所揭示的目標，必須依照成員的特性以合理性與科學性的原則，把組織的特性劃分成各種專門化的任務，安排專業人員分工任事，形成組織的職能體系，以對組織的活動進行計畫、協調和控制，社會組織的運作並且具有共同的目標，以統合所屬成員。組織成立和存在的目的，皆可經由檢視組織的目標加以理解。組織的目的或目標，是組織力圖達到所期望的未來狀況，也是激勵全體成員努力實現的共同願景。

二、工作效能

　　組織是爲了達到特定目標的一種工具，其結構形態透過合

理的設計，務求以最高效率完成既定的目標，所追究的是組織
的有效性。爲求達到組織的目標，不但整個組織要求高度理智
化，即使工作人員在組織中的行爲也應完全理智化，務求達到
最高效率。同時，組織是依職級運作，就一般而論，組織爲達
到運作目的必須採取分工分責方式進行。一個組織的各級單
位，各有其不同的目標，組織的最高級單位，其任務在協調組
織與外界社會的關係，爲組織謀求精神與外界的支持，以便達
成其目標並能繼續生存。組織的中級是管理級，其職責是取得
和分配其所需的人力與物力，並協調各單位之工作。最基層級
是技術級，其責任是在技術上完成本單位的任務。以大學爲
例，大學教育是否應與經濟建設配合，其經費來源如何等等，
是大學決策組織應做的決定。至於應招多少學生、建多少教
室、請多少教授，是管理級應做的決定。至於如何招生、如何
建教室、如何請教授，那便屬於技術性的決定了。

三、規章制度

　　一個組織要能達到所建構的目標，必須有一套完整而嚴謹
的規章制度，它們不單是作爲成員與組織互動的基準，同時也
具體體現組織的目標和利益。組織對所屬成員行爲之影響，可
分爲「明顯的社會化」和「潛隱的社會化」，前者指組織由其工
作人員所施與的社會化過程；後者指組織在不知不覺中，對工
作人員的行爲、習慣或心理傾向所發生的影響。其結果使得參
與組織的人，形成相同的行事風格，正如同我們常說的「近朱

者赤，近墨者黑」。

四、開放吸納

　　隨著社會分工越來越細密，社會中充斥著性質不一的組織，這些組織皆有其特定性的功能，例如學校、醫院、公司、企業，這使得組織具有其獨特的活動領域和資訊取用乃至產品輸出的標準。影響組織的，除開內在的因素，還有許多是來自外界，一個組織可能與其他組織發生若干不同的關係，重要的有下列四種：競爭、談判、聯合、聯盟。這種與環境的互動，代表組織無法存在於一個真空的空間，而互動的結果也會影響組織的消長。由於外在環境的變化以及成員的更迭，組織要發揮其效能和作用，需要不斷與外部環境互動，使其保有體系的鮮活特質，以不斷應付環境的挑戰，帶動組織的成長。當組織體系越來越龐大時，要能達成組織目標的實現，完成組織結構的建立，統攝組織系統的運轉，都要依靠組織的決策中心來領導。至於組織權力的範圍、大小、運作方式，則是取決於該組織的規模、性質與民主化程度等，寡頭政治就是一個組織為少數或一個小團體所控制。米契爾（R. Michels）認為科層組織會發展成為少數人的統治，而這些人會繼續維持他們的影響力，甚至於可能危害組織的發展，這就是所謂的「寡頭鐵律」（the iron low of oligarchy）。米契爾的觀察不同於韋伯的觀念：韋伯認為人的晉升是依照功績與能力，而米契爾卻認為組織常由少數的精英所經營，他們善於取得權力，但可能缺乏有效經營組織的能力。米契爾認為正式組織之所以發展成為寡頭政治，有兩個相關的理由——精英（elite）的權力野心和組織之多數分子

的不關心，只要多數分子能從組織取得某些利益，他們就不會太關注於權力領導者的人選及其任務的持續，這是對民主制度的破壞。

　　組織是一個系統，組織的結構把組織中的各個方面聯繫在一起。組織系統中各個組成部分之間的相互聯結、交互作用與共同動作，使其中一個方面的變化勢必影響到整個系統的變化，同時也使一個有機的社會組織始終以整體性的面目進行運動與發生作用。

10.4 科層體制

　　社會組織存在的目標既為追求組織的效能，因此在正式組織裡，經常伴隨著科層制度。所謂「科層制度」（bureaucratic systenm），是一種分層負責處理事務的安排方式，也就是各種有等級的地位與職務之關係的一個體系。這種現象在現代一般大而複雜的正式組織，如政府、工廠、公司及學校中幾乎普遍存在。

　　科層體制是由德國社會學家韋伯所建構的一個理想型組織結構。廣義而言，科層體制既是一種結構，也是一個過程，一種組織的形式，以及一種運作的方法。綜觀科層體制的特徵可歸納如下：

一、講求層級節制的系統

　　科層體制的權力結構是一垂直的層級，權力集中在頂端。

低職位者爲高職位者所監督控制，有清楚的主從關係。爲了要安穩而有效地執行工作，部屬必須要接受他們的薪資水準，他們的權限、責任與職務。

二、強調職務分工的原則

在科層體制內，基於功能性的專門化，對個別成員或職位均有明確的分工，用專才來執行專門性的工作。由於能使人只負責某一種明確的工作，因此易於發揮專精的特長，而增加總生產的效率。

三、具備成文規章與程序

用以範定每一正式職位之權責、個別成員之權利與義務，以及組織運作上每一特殊情況的處理程序。科層組織的運作有一種符合組織目的的管理原則，這種規則常是明確而成文的規定，這種規則存在有兩種目的：預測組織個人的行爲和有助於組織運作的持續。

四、組織運作的非人情化

強調組織內理性化與合理化的人際關係，成員經由正式化的溝通管道，依組織的正式規則互動，其管理係立基於書面的文件。韋伯認爲私人的情感與職位分離才會產生合理的行動，以完成組織的目標。

五、 追求能力勝任的取向

在科層體制內，舉凡聘僱、升遷均唯才是用，亦即使用一套一視同仁的標準，遴選知能合格者循組織的層級晉升，而不致受個人政治與社會因素所左右。個別成員經由能力之被認可而據有某職位後，組織以「終身職制度」保護，使個人得免於專橫權威之恣意解職，同時也對個人在專業知能上的投資提供保證。科層組織的理想特徵在於強調人員的僱用、委任與晉升，都必須依據技術的資格審查，經由一系列公平基礎的條件來評鑑資格與工作的表現，才能達成更大效率與促進合理的行為。

上述諸原則之連結，將可創造出最有效率的組織。儘管科層制度已為諸多組織建構的體制，然而其對組織及個人造成部分負面影響，諸如：

一、對個人人格的影響

由於一切依規章行事，缺乏創意與彈性，因此易養成個人的從眾性格，且在其潛移默化之下，個人容易變得陰沉、遲鈍，成為一個被制約了的「組織人」，甚至引發了挫折、不滿與不安全感，個人極可能發展出一套「科層病態」的行為模式。《組織人》（*Organization Man*）的作者 W. H. 懷特在 1956 年出版該書時，用這個術語表示在現代官僚主義化社會體系中所遇到的一種性格類型——那些為大組織工作的人的性格，他們從各種意義上說都「從屬於」這些組織，他們受社會倫理的支配，

而不是受新教倫理的支配。這個事實，或「從屬」或「親密」的自我感覺，影響著這些人的生活方式和更廣泛的社會願望——透過教育和意識形態的壓力影響他們對自己和社會的看法，導致某種程度標準化的平庸和唯唯諾諾。

二、對組織績效的影響

就溝通的方向與速度來說，向下溝通遠比下情上達來得頻繁且快速，而不利於意見的陳述，同時對於快速變遷的環境缺乏有效對應和有效的解決措施，正如同彼德原則 （Peter Principle） 所陳述，該原則就是：「在任何一個階級組織裡的每一個職員都很容易晉升到難以勝任的工作水準。」這個原則背後的理論就是科層組織人員的晉升主要是依據個人的功績。一個人某項工作做得很好，他因而爬上階梯，晉升到另一工作，逐級上升，他終於達到個人頂端的職位，而這一位置是他能力難勝任的。彼德認為：完成的每一件事都須具有某種效率，大部分的位置多不相同，且白領階級的晉升多是垂直的，於是，科層組織會變為無效率，因為它們隨時會僱用大量的無能力人員。

由於它未將非正式的組織以及各種突發意外的問題納入考慮，加上過時的控制與權威系統，因此往往無法掌握時效，做彈性機動的應變，而具備創新技術和專業知能的成員，較難融入其中，使內部的成員往往相互猜忌、報復，造成組織所揭示的目標無法充分發揮。正如同帕金森定律（Parkinson's Law）該定律是由英國政治學家C. N. 帕金森（C. Northcote Parkinson）提出，大意是「工作量的增加是為了填滿要完成原來工作的時

間」。作爲一種推論，帕金森說：「計畫的完成只有透過瀕於崩潰的機構才能做到。」帕金森定律提出了組織的非理性作爲，例如：冗員的過度擴充，組織運作未能有效率的體現整體目標，及管理部門透過自以爲是，造成與其他單位的相對立等情形。

由於組織過度強調成員的忠誠度，而疏忽了個人的目標，因而抹殺個人的需求與感受，形成溝通與創新的構想都因層級節制的決策而被阻礙或被扭曲，加以強調非人情化，使得成員不易完全投入於組織的活動當中。

三、對專業人員的影響

受到組織綿密規章與程序的左右，不但範定成員的職務與權責，同時也是成員處理每一案件的範本與依據，這也就是所謂的「照章行事」，但是就專業人員的工作屬性而言，不論就權利義務的範定，或就個案處理，所依據的規章都有別於科層制度，使得科層權威和規則侵犯了專業人員的專業判斷與信念。在一個他律性專業組織裡，要去範定出哪些活動範圍是專業人員的職責所在，是一件很困難的事，受過專業訓練的人員，對於科層組織的目標與績效標準，較易持有批判性的態度。此外，專業人員期望在專業活動的推展上擁有最大程度的自主性與自創性，也易於與講求明確範圍的組織系統產生衝突。再者，專業人員常希望能在知能領域內具有影響力，擔負責任並奉獻於專業發展所形成的「專業文化」，與相對的由一般非專業人員所形成的「科層文化」，包括完全依照法令規章按部就班行事，講求效忠組織權威，並極力在組織的層級體系中尋求職位

的升遷，這兩種截然不同的文化，將使得專業與科層人員於問
題的釋義、目標擬定、策略技術的選擇以及結果的評估上，經
常會產生衝突。另外，科層系統中的上級長官經常以效忠程度
作為對僚屬的評價標準，而專業人員則由於其信念與上級主管
扞格而出現齟齬，很容易造成組織內「劣幣逐良幣」的反淘汰
現象，使技術性與專業性的員工特別有挫折感。專業工作者往
往會感受到科層體制駕馭其上，使專業人員深覺距離決策與重
要訊息過於遙遠，個人在整體關係與溝通的非人性化以及形式
化，形成對自由裁決與創意的局限，此種組織運作趨向於形式
化與僵硬化的情形。就如社會學家帕克所分析：「科層制度所
造成的官僚組織有一些反功能，例如：具有疏離性、非人性
化，以及僵硬的性質，同時引發了科層組織控制者的責任問
題，甚至造成員工對工作的低度投入，以及不良的工作生活品
質。這些可由頻繁的勞工轉業、曠職及罷工得到證實。」

　　隨著社會組織的擴大，經常伴隨著科層制度。而當組織分
工越為細密，專業領域日受肯定之際，一個合理的社群運作應
是對專業人員的尊重，而非過於依賴科層體制作為組織運作的
基礎。在強調專業分工的領域中，由於成員只是就其專長進行
分工，並將整體組織區分為若干部分，使人只負責某一種明確
的工作，因此易於發揮專精的特長，使組織能增加生產的效
率，以達到社會的全面進步。然而在組織朝專業分工之頃，由
於科層制度依舊盤繞在既有的組織運作中，因此極易形成兩者
間的衝突，甚至出現如同社會學家裴洛（Perrow）所指出的：
「由於科層制度壓抑了成員的自由、自發與自我實現，使得新的
技術與具有專門知能的人很難融入其中，因此，極易形成不利
於專業職能的現象，以致阻遏了團隊精神的發揮。」（Smelser,

1981: 286）職是之故，更有賴我們對專業工作的科層制度加以深究，並尋求其間的調和，以利組織的發展。

10.5 組織的變革

社會組織深入現代社會已是不爭的事實，同時隨諸分工的細密，現代社會越強調專業工作的重要性，由於兩者互動的頻仍，使科層制度影響到專業工作，尤其在大型組織中，專業工作者往往會感受到科層體制駕馭其上，使專業人員深覺距離決策與重要訊息過於遙遠。個人在整體系統上溝通的非人性化及形式化，形成對自由裁決與創意的局限，造成組織運作趨向於疏離性與僵硬化，使專業性的員工特別有挫折感，同時亦引發組織的歸屬責任問題，甚至造成員工對工作的低度投入，以及不良的工作品質，因而有組織變革的聲浪。「組織變革」是指：「組織系統為了適應組織外部環境和內部因素的變化，根據組織系統所出現的弊端，進行分析、診斷，對組織的結構、功能進行不斷的調整，改變舊的管理形態、建立新的組織管理形態的一種組織行為和管理過程。」（Richard, 1987: 178）組織變革的特點在於：

第一，組織變革是組織主體主動地、自覺地使組織適應環境的過程。

第二，現代組織變革是有計畫的變革。

第三，組織變革是一個克服阻力的過程。

第四，組織變革的方法和途徑具有多樣性。

社會學家勒溫提出的一種組織變革的理論模式。他認為組

織變革有三個基本階段：

一、解凍

解凍（unfreezing）係指所有的變革都會給參與變革的人帶來一定的損失，人們常會因不安全、社會關係破壞、經濟地位受到損失等原因反對變革。人們已形成的思想、觀念、態度、行為僵固不化，因此改革必須打破原有的平衡和固有模式，即予以融化解凍。為此，必須要使個人或群體認識組織的現狀和變革的必要性，否定舊的態度和行為，同時創造心理上的安全感，消除變革的心理障礙。

二、改變

改變（changing）係指形成新觀念、態度和行為的過程。新模式的形成主要經由認同作用和內化作用而產生，如努力保存組織成員有用的習慣、事先向成員提供有關資訊、鼓勵職工參與變革計畫的擬定與執行、提供諮詢等。

三、凍結

凍結（refreezing）係指利用必要的強化手段和方法，使已經習慣和實現的變革（態度和行為）趨於穩定、持久化和模式化。本理論強調以人為中心的組織變革，同時提供了以人為中心的方法。

當我們的社會日趨複雜與互賴，而各組織的規模也不斷擴

張時，不可避免的也就有越來越多組織變革的需求。爲謀社會的和諧進步，我們除了須對組織發展採取理性態度之外，尚須在社會共識上建立起「信賴專家，尊重專業」，並發揮「分工合作，相互協調」的團隊精神，方才能促使組織圓融的運作。

　　人類爲謀求生存，很難獨自地靠一己的力量與大自然搏鬥，而是依賴組織間的成員相互合作，以求取生存，因此衍生許多社會關係網絡，因而組織中的成員擁有各式各樣的人際關係。換言之，此種人際關係之出現，前提要件爲人類過著共同的生活之所致。各個組織成員亦經由此種共同的生活領域，孕育出具有共同思想、感覺的行爲模式。組織的成員使用了共同語言、技術與制度，使得個人透過團體納入組織，無論是團體也好，組織也好，均由許多要素所構成，這些要素之間相互關連、相互依存，而研究此共同生活的領域，正是社會學的主要內涵。

社會階層與社會流動

　　科層組織會發展成為少數人的統治，而這些人會繼續維持他們的影響力，甚至於可能危害組織的發展，這就是所謂的「寡頭鐵律」。

米契爾

　　「社會階層」是以探討社會關係層級化爲領域的學問，自是社會學中重要的部分。因爲社會階層影響人們的互動、行爲模式、態度，甚至喜好等，正如同在任何場合總統出現立刻成爲注目的焦點，其一言一行也備受關注，絕非升斗小民可以比擬，即是因爲彼此在社會階層上的差異所導致。是以爲瞭解社會現況，探求人際互動，我們不能忽略社會階層這項主題。

11.1 社會階層的定義

　　無論任何東西在其區分上，若是有分爲高低不同的各種等級，都可稱爲階層化。應用於社會方面，它是指一個社會中的人，按照某一個或幾個標準，如財富、權力、職業或聲望之類，被區分爲各種不同等級的安排方法或狀態，其中每一等級的人都是一個社會階層。

　　階級的概念與社會團體之區分或階層化當然有關。凡是有階級的社會，總是同時包括幾個團體的人，有不同的經濟、政治或文化地位，並且各自感覺到彼此有尊卑的差異。一個社會階級就是在一社會中有相同之社會地位的一個團體，這樣的團體平常不一定在形式上有具體的組織，也不一定完全住在一塊，可是在心理上所有分子常有一種「我們感覺」或「內團體」觀感之存在，在行爲上的表現差不多也常趨於一致。換言之，每一社會階層通常都有它的共同習慣、態度、情操、觀念、價值及行爲標準，各階層常利用某種標誌或象徵物，如服裝、徽章及權利與義務等，以區別尊卑同異。凡屬某階層的人大概都知道依照某種規定方法去思想和行動，因此，階級分子之行爲

便有其固定性與可預測性，這對於社會秩序的維持相當重要，故社會階層事實上可視爲社會制約的一種組織或安排。社會階層的研究可幫助我們瞭解一個社會的結構、社會關係、權力與財富的分配、分工與合作、個人與團體的地位和職務、個人的思想及行爲以及生存的機會等問題。

社會學對於社會階層的定義通常是指：社會上對於有用的資源採取不平等的分配狀態。這其中的社會資源係包括物質資源（財富）、政治資源（權力）和文化資源（知識和學憑）等範疇。這些資源對於滿足個人需求與實現社會功能是必需的，社會成員皆希冀獲得它們，因而被賦予特殊的價值。

社會階層既可以以個人爲單位，也可以以群體爲單位來界定，例如把家庭當成一個階層單位，其原因在於家庭是一個共同消費的團體，尤其是在現代社會的核心家庭中，一家人只要一個人有職業，其他家庭成員不僅分享其所得，同時分享其職業上的權力和聲望。因此，進行階層的實證調查，通常用他現在的職業來測定；孩童的階層地位則用他父親當時的職業來測定；妻子的階層地位，用丈夫的職業來測定。也就是說，雖然階層地位是就個人加以界定的，但是由於同一家庭的成員具有相同的階層地位，因而社會階層分析實際上大都可以家庭爲分析單位。

社會階層的取得方式，大致可以分爲兩類：一類是依據出身身分以界定其階層地位，稱之爲「歸屬地位」；另一類是完全依靠自己的努力成就以達成的階層地位，稱之爲「成就地位」。傳統社會因爲社會流動有限，多半屬於歸屬地位，例如：印度的種姓制度即是強調歸屬地位的社會，每個社會成員的階層完全是由家族和血緣所賦予，且社會地位是固定的。成就地

位則是現代產業社會所強調，這種社會由於職業變更快速，而造成社會地位的變動頻繁，同時是根據個人於工作上的表現與成就原則來確定的，因此易給人社會變動急遽的感受。

社會學家索羅金提出了著名的社會階層理論。索羅金把社會階層分成以下三種類型：

1.按貧富差別區分的經濟階層。

2.按權力和聲望、名譽和職稱、統治和被統治等來區分的政治階層。

3.按職稱地位是否被認為有名譽、是否有權力來區分的職業階層。

索羅金同時將社會階層概念與社會流動概念相對應，把社會流動區分為水平流動和垂直流動兩種類型。他分析產生垂直流動的四個原因，即：

1.階層之間出生率和死亡率的差別。

2.父母與子女間的能力差別。

3.社會環境的變動。

4.個人能力與個人階層地位不一致的事後調整。

11.2 社會不平等分析

自理論的角度分析社會階層，主要有衝突論和功能論的觀點。

一、衝突論的看法

　　是源自於馬克思，強調階層化是因競爭社會上有限或稀少的經濟資源的結果，資源集中於少數既得利益者的手中，因此產生不同階級之間的對立。社會階層為一個階級壓迫另一個階級之工具，階層常常會埋沒一些人才，維持不平等之機會，社會階層是經濟的剝削、衝突與鬥爭，它是無益於社會的發展。歸納而言，衝突論對社會階層的看法：

　　　1.社會階層雖是普遍存在，但非必需，亦非無可避免的。

　　　2.社會階層影響社會體系。

　　　3.經濟結構為社會階層區分的骨幹。

　　　4.社會階層因競爭、衝突、征服而產生。

　　　5.社會階層阻礙了社會與個人的互動功能。

　　　6.社會階層反映社會上權力團體之價值。

　　　7.社會權力在社會內由一小群人控制。

　　　8.社會對工作與酬賞的分配欠缺合理。

　　　9.社會階層須由革命來改變。

二、功能論的看法

　　認為社會階層是為整體的社會利益所做的必要性安排，社會階層把每個社會分子分配於組成不同之地方，角色乃有重要層次之差別，角色重要，付出之勞力、技術亦較多，但每一角色皆不可或缺，整體功能始能發揮。社會中須有報酬之系統，誘導個人占有位置，報酬方式因位置分配不同，社會必須有階

層,否則無法有效發揮作用。即不同職位有不同角色與不同報酬,階層依這種理論而言是有利於社會,因階層具有共同之價值系統,按角色而獲不同報酬,鼓勵最有資格之人做最重要之角色或工作,因此不平等的報酬是需要的。功能論對社會階層的看法:

1.社會階層是普遍存在著,必需且無可避免的。

2.社會體系影響了社會階層形態。

3.經濟結構的影響性次於其他社會結構。

4.社會因需要整合、協調、團結而產生階層。

5.社會階層提高了社會與個人的功能。

6.社會階層反映社會內共享的社會價值。

7.社會權力在社會階層內是合理的分配。

8.社會對工作與酬賞是合理分配的。

9.社會階層經由進化過程而改變。

11.3 社會階層的現象

社會階層本身即蘊涵著種種高低不等的排列,而不平等是多方面的,且又是複雜微妙的,在工業社會裡,不平等更是錯綜複雜。通常而言,社會階層的主要層面包括經濟、政治、社會此三方面的不平等,表現於所得、聲望和生活方式的差異性。

一、所得

經濟方面的不平等,從總體方面而言,即是探討國民所得分配不均的程度;從個體方面而言,即是探討個人所得差異的程度。一個人在某一時候的所得,是指在財富維持不變的情形下,他所能花費的總額。所得的種類很多,最通常的是薪資收入和薪資以外的種種福利、投資等等。為了瞭解所得的內涵,經濟學家也發展出一些專門測量所得不均的方法,這些方法中,最主要的是「分位法」和「吉尼係數」(Gini Coefficient)。

所謂「分位法」,是將全國的所得依照所得高低分為幾個等分,最常用的是分為五分位,每一分位的戶數各占總戶數的20%。第一分位(最低平均所得組)與第五分位(最高平均所得組)兩組所得相差的倍數,就是一般所謂高低所得之差距倍數。差距越小,表示財富分配越平均。如果依此標準而言,根據統計,台灣地區的所得差距有逐漸擴大的現象,也就表示國民的財富分配有越來越不平均的趨勢。至於吉尼係數越高,即表示所得越不平均,反之,則越平均。

從所得分配而言,所謂不均,主要有三種形態:第一,有錢的太有錢,占國民總所得很高的比例;第二,貧窮的人太貧窮,因而與其他較高所得組有相當大的差距;第三,中間所得組的人口數過少,使社會上的大部分人口不是貧窮,就是富有。而造成所得分配不平均的因素,不管其形態為何者,經由社會學研究發現,通常可歸納為三類因素,即經濟因素、社會文化因素和政治因素。

（一）經濟因素

1.國家天然稟賦不同而造成所得分配的不平均。

2.財稅制度不完善造成所得分配的不均。

3.人口的多寡影響國家的生產率、生產形態和消費市場，而可能造成所得分配不均。

4.各部門（農業、工業、礦業等）的生產率不同，造成所得的不同。

（二）社會文化因素

1.人力資源的改進程度。

2.都市化的程度。

3.中產階級的重要性。

4.社會流動的情況。

5.種族與文化的異質性。

（三）政治因素

1. 政府直接參與經濟活動。

2. 人民政治參與程度。

3. 工會力量的強度。

4. 傳統精英分子的強弱。

5. 政治領袖是否致力於經濟發展。

根據研究社會階層的學者摩理斯（Morris）強調：影響所得分配最重要的六個因素，依先後次序分別是：第一，人力資源的改進；第二，政府直接參與經濟活動；第三，社會經濟的雙重現象；第四，經濟發展的潛能；第五，國民平均所得；第

六，工會的強度。

二、生活方式

　　社會階層的區分是多元，包括主觀的（如在心理上所認同的社會類屬層級）和客觀的（如財富、聲望、權力等）。為期對社會階層有進一步的瞭解，常運用「生活方式」以瞭解所屬的層級，因為依照社會學家何奇士（Hodges）的看法，生活方式所涉及的包括：人際互動模式（誰與誰結合）、象徵式財產（消費財貨與物質財產），及象徵式活動（娛樂、演講與正式結合）等等。由於社會親密和頻繁的互動只會發生在有同等對待的人群，同時，就實際的社會運作中不同社會階層的分子，可使用某些項目以劃分彼此。這些項目包括婚姻、朋黨關係、家庭中的接待行為、社會組織的身分，以及互惠的活動等，都可以作為社會互動的指標。

　　在探求社會階層時採用生活方式的優點，就是它的廣博性。我們將互動關係、象徵式財產及象徵式活動列表，就可計算出個人或團體的地位指數，而在社會地位量度上訂出等級。這個方法的缺點就是一般互動（甚至婚姻），並不一定依循階級路線，因為上層階級的娛樂活動同樣易受到下層階級的影響，從生活方式指標所計算的社會地位量度，必須不斷加以修正，才能克服這種問題。另外，為瞭解社會階層的區分，社會學也嘗試運用受訪者評審他們自己的社會層級，也就是說，使他自己成為階層等級評審的對象，這個方法依據的假設是：個人最能夠瞭解他本身的實際生活方式，以及在階層系統中的適當位置。

三、聲望判定

在傳播理論中有沉默螺旋的說法，認為一般大眾對社會議題的態度深受公眾人物的影響，由此可見，人的社會影響力是不同的，此即為聲望的部分。為了瞭解聲望的差異性，社會學採用下列兩種方式：

(一)社區聲望

是透過有具有豐富知識的人來評定社區分子的階層，因為一個社區或社會系統的分子，基於其對社會位置的私人經驗，有第一手知識，亦即，他們知道每一個人在他朋友眼中的聲望。無疑地，輿論所反映有關一個人的事，對於他的地位具有重要意義，但此方法也有其缺點，許多人私下贊成或不贊成的某種行為會曲解他們的判斷，例如：一個上層階級的人可能低估另一個人。同時，除了公眾人物外，要瞭解社區的每個人是不可能的。

(二)職業聲望

如果我們要從一個人的資料來預測他的價值、態度以及生活形態，則最能瞭解他的事實，也許是他的職業。休斯（Hughes）所發展的「主角色」概念，提到了一個人在現代工業社會所扮演的許多角色中，最為核心與擴大的角色是為主角色，而職業角色往往是個人的主角色。同時，職業與個人聲望、權力及所得之間有高度相關，工作的地方會影響其人際互動，與遭受同輩團體的壓力，因為大多數職業都要求某些必需

條件，如年齡、教育、體力、技能與過去經驗，因此從事相同職業的人，會有一種同質性。另外，人們對於職業，常具有某種刻板印象，如律師是精明的，教師是誠篤的，企業家是尚利的，政客是虛憍的等等，對上述印象的期望，會影響該種職業者的行為，許多人會有意識或無意識地接近某一種典型，這些都足以說明職業與個人之間的關連性。再者，在現代這工業化的社會中，工作對人的意義越來越重要，一個人的職業已不僅止於謀生而已，它通常被認為是判定個人在社會結構中所占位置的最重要指標，職業提供了收入、社會地位和個人的一種滿足。懷特認為：「職業是個人以某種經濟角色為中心的一組活動，以此一項職業即為一個社會角色。」（Martindale, 1962: 192）楊國樞也認為：「職業和工作是人生最主要的活動（以下將職業和工作認為同義）。人生和工作是分不開的；工作是個人社會自我的主要部分，工作幾乎就界定了我們是誰。」（楊國樞、葉啟政，1993：256）由此可看出職業對人的意義，因此，我們經常以工作是瞭解社會系統與個人行為的一個重要指標。在社會層次上，工作者的人數與種類，為解釋社會系統的經濟組織提供了線索，這就是職業結構的領域。

這種方法使用職業作為階級位置的一種指標，其依據的理由是，職業是一種社會實體，即它對地位具有直接的意義。因此長期以來，社會學研究者便將職業視為測量社會聲望的重要標準。

根據文崇一、張曉春兩位教授於1979年進行的「職業聲望與職業對社會的實用性」研究，測量出當時一般人對職業的觀感，其中排行前十名分別為：省主席、教授、科學家、大使、大法官、國大代表、直轄市長、立法委員、軍官、監察委員。

至於，最末的五名為：風水師、女傭人、算命仙、舞女、茶室女。

瞿海源教授於1985年所進行的相關研究，列名前十位的職業為：教授、省主席、法官、省議員、大企業家、醫生、立法委員、中學教員、律師、銀行經理。後五位為：店員、攤販、工廠女工、工友、理髮師。

自這些不同年代的調查研究，不難發現，隨著社會價值觀的改變，職業聲望也有所變動。

由於社會快速的變遷，帶動著產業結構的變革，加以價值態度的異動等因素，均使得未來社會的職業特性有所變化，並且影響著既有的職業聲望。這些可能的因素包括：

第一，職業階層的變革：傳統社會中，社會分化單純，社會流動遲緩，強調歸屬地位取向，因此職業所代表的階層穩固不易變動，職業世代相傳，少有職業選擇的自由。然而現今社會開放自由，社會流動快速，加以人權的講求，每個人都可以自由的選擇職業，是以職業選擇的問題也就產生。

第二，職業性質的改變：傳統的社會裡，職業種類不多，工作的內涵也極為簡單，而且往往是父子相傳，或者利用簡單的學徒制度訓練下一代的工作者，因此每個人不僅可以在生活的周遭看到各種的職業活動，同時對於各項工作的內容也大體有相當的瞭解，對於職業選擇不會有太多的困難。但是到了工業社會之後，不僅職業的內涵漸趨複雜，分工日漸細密，工作種類日益增加，而且由於各行各業的專業化，使得一個人有志於從事某項職業時，必須接受長時間的專業教育訓練，因而導致教育素質影響社會階層的爭取。

第三，職業數目的增加：由於科技的進步、知識的爆發，

不僅舊的職業不斷消逝，而且新的職業更是不斷產生。美國職業分類典中雖已列有三萬多種職業，但新的職業仍然不斷出現。由於職業數目以極快速的速度增加，這些新興的職業也帶來新的生活方式與財富所得，勢必造成社會階層重組的景象。

第四，個人轉業次數的增加：由於科技的快速進步，技術或新產品的發明到實際應用的時間大爲縮短，技術淘汰的速度也大大增加，而新的行業也就不斷地產生，舊的行業不斷地消逝，這使得個人轉業的次數也就更形增多了。根據社會學者的推估，未來先進國家的民眾一生之中平均可能需要轉業六至七次，因而加速職業階層變動的情況。

第五，職業刻板印象的消失：所謂職業刻板是指一般人在其意識中認爲從事某一特定職業所應具備的知識、才能、特質，甚至於性別的差異，以至於影響其個人在選擇職業時的態度與觀念。近年來，由於教育的普及、人民知識的提高，以及民主浪潮的風行，職業刻板的觀念已逐漸消失，人們從事職業已漸漸不受身分、特質、性別的影響，因而可以從事的職業範疇也就相對擴大，有助於人們借助於職業的變化取得階層的改變。

由此可以顯示，未來人們將面臨一個職業聲望變遷快速的競爭環境。正如同韓寇克 （Hancock）所說：「後工業社會最起碼的定義是指社會經濟系統，其白領階級或服務業階層已取代了藍領階層，成爲最主要的勞動力量，就像美國和部分西歐國家都有這個現象出現。除此，社會學家很少對未來後工業社會的變遷意義有相同的意見。」（Bell, 1973: 172）

11.4 社會流動的意義

　　在社會學中首先對社會流動進行系統性研究的爲索羅金（Sorokin），他認爲社會流動所指稱的是：個人的地位從一個階層改變到另一個階層的過程，亦即社會位置的變更。社會流動有三種不同的現象，一種稱爲「水平式社會流動」，另一種稱爲「垂直式社會流動」。還有一種爲「代間式社會流動」。水平式流動是指在相同的社會階層但是不同的團體間的移動。例如：由教育部長轉爲內政部長，在階層上並無差異，只是服務單位不同。此種調整，對當事人的影響不大。垂直式的流動又可分爲上升性的流動和下降性的流動，前者例如次長升任爲部長，後者如總經理貶爲職員。由於垂直式流動影響一個人的社會階層是具體而明顯的，因此往往使當事人需要重新調適於新的環境和作爲。至於代間式流動是指不同世代間社會階層的改變。由這項改變可以看出社會開放的程度，大凡一個越先進的國家，多能提供各種管道以促使人們改變其社會地位，只要一個人有努力的作爲，可在合法的保障下取得社會階層的晉升，當然原有階層在快速變遷的環境下亦非終生的保障，例如：農夫之子可以貴爲國家元首，部長子女也可能是升斗小民，即表示出社會階層在不同世代間的變化，當變化越快代表社會開放程度越高，越能鼓勵社會成員對自己的作爲和努力成果負責。

11.5 社會流動的模式

社會流動可依不同的社會結構，建立起下列三個典型的社會流動模式：

一、封閉式的社會流動模式

社會流動在傳統的社會裡，頗為不易，尤其是社會地位的提升，一個平民要變為貴族是絕對不可能的事，因為社會呈現的是靜止的，社會地位有固定的組織，沒有特殊原因是不會變動的。例如：印度的種姓社會，把社會成員區隔為婆羅門、剎地利、毗舍、首陀羅（即奴隸）與賤民等五種階層，階層與階層之間嚴格禁止社會流動，並且嚴禁彼此通婚，所以在這種社會之內，完全由血緣決定社會地位，皆屬固定的層級，並且無世代間的變化，這種社會的流動模式，毫無垂直的流動，至多只有部分的水平流動。

二、開放式的社會流動模式

在一個現代化的開放社會中，因交通的便利，職業機會的擴大，個人的地位不像傳統社會，受到種種的阻礙，經由自身的努力，成功的命運操在一己的才能和對社會的貢獻。是以社會對各種不同的職業等級訂有不同的報酬標準，報酬的高低是吸引人的因素，要獲得較好的報酬，必須具較優的能力。具有

較好的報酬必然易於到達較優的地位，能夠獲得較優的地位，是競爭的結果。工業社會給人們在職業上較多的競爭機會，使社會流動的情形增加了變動的速度。社會充分允許人們改變其階層的可能性，因此階層與階層之間的地位改變較無限制，同時類屬之間的流動極為頻繁。換言之，完全開放的社會，不僅有水平的社會流動，更有垂直的社會流動及世代間的流動。

三、折衷式的社會流動模式

折衷式的社會流動，指的是在一個社會中並非全部開放，也非全然封閉，而是部分階層可供人們自由競賽獲取，部分地位則係基於特殊血緣亦可擔任，例如：中國傳統帝制社會，皇帝之下有諸侯，皆為世襲，故一般平民無法爭取到這個階層，而其下為士大夫，由科考延攬，平民可經由考試而進入此階層，故其社會流動的模式是在士大夫階層之下各層形成開放式流動模式，諸侯和士大夫之間，無法有垂直的社會流動，形成種姓流動模式，至於士大夫以下則為開放的社會流動模式。

11.6 社會流動的因素

由社會流動的定義和性質可知，越屬現代化社會，越尊重並肯定個人努力成果，因此社會流動的管道越多。影響社會流動的因素可歸結於：

一、教育因素

在各項流動因素中，教育的提升是最有助於垂直流動的管道，如謀職要靠學歷文憑，同時教育所獲得的知識也是社會發展的基礎，學歷高容易尋得更好的工作，因此社會的職業結構越複雜，其依賴教育程度也越深。

二、成就動機

個人的成就動機，是一個人追求自我成長和期待成功的慾念，亦即當成就意願高，則會朝著目標努力以赴，促成向上的流動性。

三、人口因素

社會中各階層人口的變易並不一致，當某階層人口有不足現象，可由另階層者來取代，如生育率低人口少會影響此一階層之結構；若出生率提高或死亡率降低，個人向上流動的機會即減少。除此之外，正如同索羅金所強調：移民、生育率之高低、死亡率之高低等人口因素皆會造成社會階層的改變。另外，農村人口逐漸移向都市，亦影響社會地位的流動，並可激發當地人民向上的流動。

四、社會分工

在高度分工的社會裡，職掌類屬隨著科技改善和環境變動而有改變，亦牽動著社會階層的變化。而現代社會中由於專業化程度和技術訓練要求增高，在隔行如隔山的情形下，社會流動的情形已異於往昔。

五、技術變遷

技術革新不僅改變社會結構，亦可改變社會階層。由於技術變動改變職業結構，吸引某一階層人口至另一階層，例如：在已開發國家由於技術改變，大量湧入白領階級，當白領階級人口增加時，亦增加社會之流動性。

六、變遷速度

社會變遷激烈的社會，社會流動的限制較少，個人向上或向下的轉移容易，因此加速了社會階層的變化，例如：工業革命造成迅速的社會流動。

七、機會結構

社會流動最有效之力量為機會結構，在封閉社會中階層流動之機會低，在工業社會中各階級的流動機會增大，因此強調「將相本無種，男兒當自強」，相對的在農業社會則流動性小，

使得社會的穩定性高。

八、種族因素

　　社會中存在種族偏見，明定某一種種族不得擔任某部分的職業，同樣也會阻礙社會流動，例如過往南非種族歧視的情形，將會影響不同種族者社會流動的機會。

12. 性別分化與兩性平權

性別角色並不是來自於生物區隔，而是社會文化的塑造。

瑪格莉特・米德（Margaret Mead）

　　隨著公義社會的追求，兩性平權議題日益受到重視。爲衡量女性政經參與程度及決策影響能力，聯合國發展委員會（UNDP）自1995年起定期編製發布性別權力測度（Gender Empowerment Measure; GEM），選用之統計項目包括女性於國會議員、專技人員、管理及經理人員中之比率，以及按購買力平價計算之女性平均每人國民生產毛額（GDP）等四項，爲一測度女性社經地位之綜合性指標。

　　在人口超過百萬之九十一個國家地區中，1997年GEM值以挪威○‧八一○居首，其次是瑞典及丹麥，而居末的尼日GEM值僅○‧一二○，顯示全球女性政經發展概況差異極大。另聯合國編布之人類發展指數（HDI）較高的國家，其GEM排名未必居前，如日本HDI排名居世界第四位，但因國會議員女性比率僅8.9％（第五十五位）、管理及經理人員女性比率僅9.3％（第七十二位），致GEM排名僅達第三十五名。

　　我國性別權力測度1997年爲○‧五五八，世界排名第十七位，雖較美加及北歐各國爲低，但優於日本、中國大陸及南韓等國。就各國單項指標觀察，國會議員女性比率除挪威、瑞典、荷蘭、芬蘭及丹麥五國外，餘皆在三成以下，專技人員兩性比例則較平均，我國國會議員女性比率爲14.8％，居世界第二十六位，專技、管理及經理人員女性比率各爲42.4％及14.1％，分居世界第五十三及六十二位，顯示女性在教育程度及經濟能力上雖有提升，但躋身公共事務及企業決策位置的仍以男性較多。

12.1 兩性平權思維的揚升

　　隨著工業社會的崛起，不僅影響到產業結構的改變，更進一步在政治、文化、社會各方面產生了影響，其中又以女性角色的改變最爲引人注目，在平權社會的思維與期盼下，女性合理權利的增進與維護，已經成爲今日社會努力的目標。「女性主義」（feminism）是要求女性享有生爲人類的完整權利，並且反抗所有造成女性無自主性、附屬性和屈居次要地位的權力結構、法律和習俗。女權運動是婦女爲爭取在經濟、社會、文化和政治等各個領域上的平等，爭取從根本上改變婦女社會地位和社會作用的一種運動。這是在二十世紀初興起的一種運動。它的中心思想是爲婦女在政治上取得與男子一樣的權利保障。女權運動不僅爭取在政治，而且爭取在經濟、社會、文教、就業，以及家庭生活方面都和男性一樣享有平等權利。1980 年代以來，女權主義作爲歐美綠色運動的理論思想之一，女權運動作爲綠色運動的一個組成部分，其爭取目標和範圍都已有了明顯的新突破。婦女解放，已成爲一個具有強大號召力的口號，不僅各階層婦女本身，就是原來對女權主義持消極態度的很多男性，也紛紛站在這個活動之中，迫使當局不得不一再考慮修改有關婦女權利的立法。女權運動已經把女性的性權益維護推向了一個新的發展階段。

12.2 性別角色的理論分析

　　雌性人類稱為女性，雄性人類稱為男性，其間的差異，是因染色體組合的不同，而反映在遺傳、荷爾蒙分泌以及性器官的特徵。進而言之，兩性之間差異的形成，從胚胎期就已經開始分化，被謂為「第一性徵期」，到了青春期，因荷爾蒙不斷的分泌，導致兩性在心理、行為及性別特徵的變化，男女兩性的模樣大抵也已告成形，是為「第二性徵期」。

　　社會經濟結構的形態，影響男女社會地位，及男女角色分化的程度，經濟結構越依賴體力的社會，其男女角色分化的情形也就越為顯著。這種以體力強弱作為兩性角色地位高低的標準，使得男性在傳統農業社會中獲得高於女性地位的優勢，並形成社會制度，加上女性在生理本質上比男性纖弱，不但有生理週期的問題，又限於懷孕、生育及哺乳的先天條件，營造出女性需要依賴男性給予安全保護的形象，社會制度也就依據這種生理學上的差異，強化男性在社會所具有的支配力，此不但加大兩性地位的差距，也建立起如「男主外、女主內」、「妻以夫為貴」等性別角色差異的刻板印象。這種對男女角色差別標準，在父權社會中被視為理所當然，並融入律法、風俗習慣、社會禮儀，以及對子女教育等，成為根深柢固的觀念。就在這種基礎下，塑造出對兩性各別不同典型的「理想形象」，即對男性塑造成具有「男子氣概」的形象，相對於女性被塑造成的「女子氣質」。這種依據性別所塑造出的符號語彙，將男性的形象詮釋為：理性、果敢、能幹、壯碩、獨立、堅強、冒險的

「形象語彙」；至於女性則被冠上感性、膽小、軟弱、被動、婉柔等特質，這種以性別作爲優劣階級的差別，使得男性具有「先天優勢」的條件。性別角色是指某一社會或文化，期待不同性別所表現的行爲模式，是個人透過行爲表現，以明示所歸屬性別。其形構有三種說法：

一、精神分析理論

佛洛伊德認爲男女二性分化，是因爲兒童認知生殖器官的不同，透過潛意識的作用而形成，也就是說生理的構造決定了個人人格與早期性別角色的發展，男性發展男性化行爲，女性表現女性化行爲。

二、社會學習理論

班度拉認爲性別角色分化是由於環境中，父母、師長、同儕團體及社會上一般人，不斷地對個體性別角色予以制約而形成，也就是男女角色行爲及人格特質跟所有其他行爲一樣，是經由學習的歷程形成。學習的歷程主要有兩種方式：第一，社會化的代理人（父母、教師）藉直接的增強消弱與處罰來發展兒童適性的行爲；第二，認知能力較爲成熟的兒童，透過觀察模仿而發展適性的行爲。兒童由於逐漸習得抽象化的認知能力與記憶能力，個人即便不做實際反應接受外來的增強，也可以經由觀察他人的行爲而習得新的觀念、態度和行爲，兒童只是角色與行爲的被動接受者。社會學習理論者認爲在性別角色認同的過程中，環境與學習是最重要的因素。

三、認知發展論

孔伯格（Kohlberg）指出兒童利用內在的認知結構與外在環境的互動而習得性別角色。兒童基本性別角色的認同是由於自我分類為男孩或女孩的結果，當自我標幟為男性或女性後，因為「性別恆常」的概念，知道性別不可改變的事實，自然開始以其性別為架構知覺自己和世界，同時想做與性別一致的事，而男女事情的判斷取決於社會中所存在對性別角色的看法，以及一般男人女人的表現。

根據以上三種理論對性別角色內涵的詮譯，可知性別角色的形成，除了生理上的差異外，必須考慮外在環境的影響，以及個人與環境互動過程中，知覺到自己所屬性別而形成的內在特別角色概念架構。

12.3 傳統角色性別的差異

性別差異與性別體系有關，「性別體系」（ sex gender system ）是指包括性別區隔、性別分工，以及隨文化而有不同社會角色。社會藉由這一套設計，將生物的「性」轉變為人類活動的依據，並以此作為社會活動的基礎。「性別歧視」就是男性優於女性的一種社會關係，無論是男人或女人的行為、政策、語言或行動等，都是在說一種被約制化、系統化或一致化的觀點：即女人是次等的。換言之，不管是內因或外力促成的性別角色，都以社會中存在的角色刻板印象為起始點，而個人

形成的性別角色又反過來支持性別刻板印象。性別角色的分化常與社會、經濟及政治環境有關，經由社會化的過程，形成男女角色行為刻板化的印象。在傳統的社會中，男孩子被要求獨立自主，女孩子則應依賴服從，這種意識形態經由父母、教師或大眾傳播媒體，甚至教科書的強化，使得性別角色行為更為僵化，這也是人格發展的一種限制。學者李美枝則更明確的指出：女性整體的限制，根源於性別角色的刻板印象；當性別意識被喚起時，一般人常以性別角色刻板印象作為導引自我行為及期望他人、評價他人的認知參考結構，當不合這個參考架構時，常引來負面的評價或進一步的行為抵制。

隨著女權意識的抬頭，兩性平權的思維逐漸萌芽。但是，傳統的價值觀依然盤據在一般人的心底，使得女性在社會中的地位仍舊臣屬於男性。最明顯的例子是，絕大多數的女性其價值系統仍以妻女角色為主，另一方面，男性價值系統繼續在工作職場中占優勢的情況下，使得大多數的女性仍處於相當不利的地位，形成父權體制（patriarchy），包括：

1.主從關係：在大多數的家庭中，丈夫的教育水準仍優於妻子，而且丈夫的年齡也被要求大於妻子。夫妻兩人年齡與教育上的差距，使妻子在心理上依屬於丈夫，所以夫妻關係難免是傳統主從關係的延續。

2.經濟狀況：大多數的現代女性在選擇職業時，還是以可以兼顧家庭為最先考量，也就是說，一般女性希望能兼顧妻母與職業的角色，當家庭與事業抉擇時，多以家庭為優先考慮。在所得方面，許多時候男女即使做同樣分量的工作，薪水也不盡相同。

3.權力結構：丈夫還是家庭經濟主要決策者，在投資、儲蓄

及購買貴重物品上，男性為主要的決策者。社交活動亦以丈夫為主。就業的婦女在家庭的權力地位上卻沒有太大的改變，也就是說，當女性花較多的時間在工作上時，男性投入家庭的時間卻仍沒有多大的改變，所以婦女必須兩頭兼顧，扮演家庭與工作的雙重角色。

4.法律地位：雖說我國憲法規定男女在法律上一律平等，但是無可諱言的，由於舊傳統的沿襲，法律上仍有許多以男性為中心的不合理規定，忽視了婦女的權益。近年來在法律上雖然有所修改，像優生保健法，不但尊重婦女的獨立人格權，也保障婦女免受不合法的醫師實施人工流產而危及身體健康；像勞動基準法，兼顧婦女心理的差異性，訂立保護措施，但是由於社會觀念尚未改變，許多僱用女性勞工的公司，甚至要求女性勞工簽署結婚或生子自願離職的切結書。

5.生活重心：大部分女性，甚至是職業婦女，仍以丈夫與孩子為重心，女性關心的主題也是以家庭為主。

由於台灣社會結構的變遷已經使經濟的訴求從「求生存」轉變為「求生活合理化」，在一連串政治改革加上興起於西方先進國家的女性主義思維的引進等因素，帶領著我們社會省思既有的女性地位和社會角色。這些思維包括：

一、自由主義

此派承認男女兩性在先天上有差異存在，但是反對生物決定論，主張男女性別的差異主要是後天學習的結果，所以解決女性次級地位的策略為透過法律與制度的修正，來提供兩性平等競爭的機會。

二、文化主義

男女天生的確有性別差異存在，女性的道德是至善的，因此女性獨特的文化一旦獲得解放，自由、平等、和平的世界就會到來。其策略為婦女解放，透過激進與政治的手段，來推翻男性霸權。

三、馬克思主義

婦女被壓抑的原因，在於女性逐漸被驅逐出社會生產工作外，而淪為男性之私有財產的一部分，其否定人性與性別差異的生物決定論，主張任何社會不平等形式都是人為的，而階級壓迫是最基本的。此派的解放策略為婦女一定要參與社會生產，並且與階級運動結合，以革命的手段達成結構變遷，才能徹底結束婦女被壓迫的情境。

四、社會主義

認為女性無論在公領域或私領域都是被壓迫者，女性是資本家的廉價勞工，也是男性免費的家庭勞力，同時在父權與資本主義合夥關係下，女性淪為「消費動物」與「性商品」，所以婦女受壓迫是超乎階級的。其解放策略為不只要消除資本主義，更要改變父權性別體制，使婦女無論在公或私領域的角色與勞動內涵有所改變。該思潮強調的不只是全新平等的社會制度，更是意識結構及本能需求的根本改變。

五、激進主義

主張婦女是歷史上第一個被壓迫的團體，廣泛的存在於已知的每一個社會中，而且根深柢固，是最難以消除的壓迫形式，就算是透過廢除階級社會也不能消除對婦女的壓迫。婦女深受壓迫之苦，卻由於婦女與其壓迫者一樣受男人至上的社會偏見所影響，往往不能察覺。其解放策略為透過生產科技的創新來達到解放婦女，認為女同性戀主義可以對抗父權壓迫。

六、存在主義

認為女人受到身體的拖累而失去自主性，變得因男人而存在，以後一代接一代的女人，都沒有牢牢守住自己的自由，成為被動的接受者。女人的自欺通常表現在否定自己有身為自由創造主體的潛力，放棄自己，將自己物化的慾望，於是造成了長久以來女性的第二性地位，討好男性，以尋求照顧、保護，即使在女人走出家庭、獨自出外工作的今天，心中仍負載著害怕失去女性特質的焦慮，女人不由自主的會想取悅男性，而放棄了自己的真性。

七、生態主義

主要在於挑戰既有的權力關係，企圖打破主從關係，轉化為互惠的局面。它批判自啟蒙運動之後，歐洲文化所衍生出來的男權至上，導致了性別壓迫，為了克服此問題，只有從個人

與制度兩方面雙管齊下，促使社會全面轉化。

八、後殖民主義

認爲以性別抗爭爲焦點的作法過於窄化，爭取男女平等的同時，也應該著重種族歧視和經濟壓迫的問題，才能達到全球女性的眞正解放。

女性主義不但對台灣的性別互動帶來衝擊，同時幫助我們檢視既存社會價值、制度與政策中明顯或可能潛藏的男性至上主義，也可以提供國家政策形成一個新的、也較符合婦女權利與發展的政策價值與觀點。

近代文明的發展，使得民主和人權的觀念更加深入人心。民主的實踐需要更多人去參與公共事務，而人權的信仰則相信每一個人，不論男女，都應該擁有同樣自我發展的機會。婦女走出家庭出外工作，往往爲民主及人權創造了有利的環境，在工作環境中，由於其競爭性和較多的人際關係，促使一個人有機會去模仿其他角色，並對自身的許多可能性有更廣泛的關照。工作的需要，使一個人有更積極進取的動機，並鼓勵人學習新知、充實經驗，發揮更多的潛能；工作環境也使人得到一些附加的價值，如社會地位、福利、保險、新的人際關係和經濟獨立的能力。這樣看起來，不管物質條件還是現代文明精神，婦女進入公共領域都是時代潮流的必然趨勢，如何保障婦女的工作權、參政權，便成爲一個重要的問題。

12.4 影響兩性平權的因素

　　近幾年來，由於女性意識抬頭，婦女對本身的權益開始覺醒與重視，在法律上，如民法財產編、親屬編不平等之處，均已著手修正而趨向平等，但尚有不足的地方仍待改善。然而最重要的是，我們的社會觀念仍受傳統的束縛，採雙重標準或對女性之歧視，仍充斥在社會之中，需要男、女兩性共同努力解決，使婦女能貢獻自己的才能以服務人群，而社會也能以平等的精神與態度對待婦女，如此，我們的社會才能獲致更大的發展與促進普遍的和諧。我國憲法增修條文第九條第五項規定：「國家應維護婦女之人格尊嚴，保障婦女之人身安全，消除性別歧視，促進兩性地位之實質平等」，相關法規亦應配合憲法規定不得抵觸，使男女平等更為落實。要增進婦女權益以促進兩性實質平等，必須下列幾個方面同時保障：

一、擴大婦女發展機會

　　積極發掘培訓優秀婦女人才，鼓勵其參與社會建設，提供公平的競爭機會與晉升管道，充實婦女專業知識與技能，以發揮婦女潛力，消除婦女就業限制，透過立法，切實保障兩性同工同酬及平等僱用升遷，包括婦女就業機會、薪資、升遷、生育假、育嬰假、病童照顧假、工作場所無性騷擾等的保障。

二、確保教育機會均等

不只保障婦女受教育的機會，也修正教育內容，祛除不利於婦女角色刻板化模型的部分。同時，提供足夠的支持使女性得以有能力參與基礎教育、高等教育，甚至社會教育。並且可以參考日本會館方式，充分運用學校與社區活動中心辦理「婦女學苑」，以擴大教育社區婦女，而且充實婦女學苑的課程內容，使教育內容包括社會教育、國家政策、公害、消費者權利、人才訓練等，以增加婦女再出發及參政的能力。

三、加強婦女福利服務

加強婦女福利服務措施，建立職業婦女育兒期彈性工作時間制度及丈夫陪產假期制度。普設老人、幼兒福利機構及家庭協談中心，以減輕婦女工作負擔及心理壓力。

四、貫徹男女平等原則

依據憲法所定男女平等原則，全面檢討修正相關法規，確實保障婦女權益，經由家庭、學校及社會教育，建立兩性平等的價值觀，匡正社會觀念，消除性別偏見，尊重婦女獨立人格，促進婦女地位的實質平等。

職業婦女困擾事業與家庭無法兼顧，也常因家庭因素放棄繼續深造、拒絕外調而影響升遷機會，各機關在女性公務人員逐年增加之趨勢下，宜盡早加強育嬰、幼教、老人安養等福利

措施，並推動家務兩性共同分擔之觀念，以減輕女性公務人員家務與工作雙重負荷之壓力，俾獲公平晉升機會。同時，女性兼負生兒育女之天職，分娩假及申請育嬰留職停薪可長達兩年，各機關平時應即實施職務代理制度，俾能相互支援，使業務得以順利推展。

台灣地區由農業社會轉變爲工商業社會，產業結構逐漸由勞動密集轉變爲技術、智慧密集，因而對勞動需求也產生變化，需要更多專業性及技術性的婦女參與，使婦女勞動在國家經濟發展中能充分發揮其才能、智慧。婦女的地位，包括在法律、社會、經濟、政治、文化各層面，也須與男性居於平等。一般而言，台灣地區的婦女在教育與就業的機會方面已較傳統社會開放不少，女性的教育水準不低，尤其是受過高等教育者之比率更是快速增加，深信將有助於兩性平權的社會。依據未來學大師奈思比於《2000年大趨勢》（*Megatrends 2000*）上言，婦女將於既來的世紀中扮演更爲積極、貢獻的角色。因此，在走向男女平等的路途上，讓男女雙方以平等的地位團結在一起以促成社會的發展，並且落實男女兩性共同分享的平權社會，將是今後努力的議題。

十七世紀至十九世紀，人權思潮受到英國光榮革命、工業革命、法國大革命等事件的刺激，婦女的人權問題逐漸受到注意，特別是英國的瑪麗·沃爾思登考夫特（Mary Wollstonecraft）於1972年所發表的「女權擁護論」，提出了所謂婦女的道德特質，乃是婦女生活在被壓抑的情境中所產生的婦女人格扭曲的結果。書中特別強調教育對婦女人格塑造的重要性，也引起社會開始重視婦女的觀點，歐美婦運逐漸萌芽成長，要求歸還婦女的人權。二十世紀初期，婦運所爭取的不外乎是投票權、財

產權、教育權、工作權與懷孕自主權等與男性平等的公民權。對兩性之間的支配與附屬關係，發展出較爲嚴謹的性別研究知識，則是1970年代左右。依據多項社會科學的研究發現：性別角色的形塑並非來自生物性的原因，打破男女性別分工是依據自然法則的迷思，易言之，兩性之間的差異性，主要是由於文化與社會結構塑造的結果。

　　隨著時代不斷向前推進，工業社會的崛起，不僅影響了產業結構的改變，更進一步在政治、文化、社會各方面產生了影響，其中又以女性角色的改變最爲引人注目，由於女性的學歷較過去大爲提高，參與社會工作的機會增加，家庭組織趨向小型化，子女人數減少等等，都使得女性的地位有了顯著的變化，加上女性一旦具有經濟能力，其自主權也就相對得到了發展，於是男女的互動關係及家庭組織都產生急遽的轉變，追求男女性平等成爲社會發展的必然方向。

　　在民主法治的國家，人權本應受保障，男女權益在法律之前一律平等，中華民國憲法第七條明文規定：「中華民國人民，無論男女、宗教、種族、階級、黨派，在法律上一律平等」，因此「人生而自由平等」爲民主政治的基本信念是無庸置疑的。然而，台灣社會長期以來，憲法應保障的婦女權益和福利，似乎只是婦運團體所高聲疾呼的議題，而在法律、教育、就業、醫療福利等等層面和制度上的不正義，往往因涉及男性的既得權力，及社會資源的重新分配，導致爭議不休，不但模糊了問題焦點，也使婦女權益的實質保障延宕不前。

　　婦女權益應受法律保障，婦權運動重點不在顛覆父權結構成爲母權制，而是在於改變父權制中的階級壓迫及性別歧視，將此壓迫關係轉化爲彼此溝通與互相尊重的兩性平等社會，正

視婦女權益的保障，才能實質的促進兩性平等的和諧關係。兩性平等的社會不但是婦女的解放，同時也是男性的解放，而只有兩性攜手合作，才能更快地達到社會進步和諧的目標。因此，在走向男女平等的路途上，讓男女雙方以平等的地位團結在一起以促成社會的發展，並且落實男女兩性共同分享社會資源，將是我們今後努力的議題。

13. 社會問題與社會控制

　　經濟與道德、政治與道德，即所謂義與利，必須加以充分地權衡，才能獲得真正的文明和富貴。否則是不可思議的。只有「《論語》加算盤」，才是致富經國之大本。

　　　　　　　「日本近代工業之父」澀澤榮一

　　義大利籍社會學家巴列圖（Parto）稱中國人的社會是一個重視家庭的社群，因此可稱之泛家族主義的社會，而婚姻既屬組成家庭的重要因素，是以婚姻的穩定自然影響家庭與社群生活。雖然結婚年齡延後，未必保證能以成熟的心智維繫婚姻關係，因爲統計顯示離婚率逐年提高。台灣地區的粗離婚率於1951年爲0.5 ‰，此一比率約維持到1976年，此後離婚率逐年上升。1998年台灣地區離婚者共四萬三千七百二十九對，比前一年增加四千八百三十對；1998年的離婚率爲2 ‰，該比例正快速的攀升，顯示了家庭的穩固性逐漸下降、破碎家庭造成的社會問題增加，其亦是造成出生率下降的原因之一。和國外相比，我國的離婚率比歐美各國爲低，美國的離婚率爲4.45 ‰，英國爲2.89 ‰，德國爲2.07 ‰。但在亞洲各國，我國的離婚率居最高，日本的離婚率爲1.79 ‰，香港爲1.61 ‰，新加坡爲1.25 ‰。歐亞橋梁的土耳其，離婚率很低，大都維持在0.5 ‰以下，據瞭解，這與回教國家一夫多妻制有關。我國離婚者的已婚年數，超過九年者占當年訴請離婚者的一半以上，打破年少夫妻離婚率高，及「七年之癢」離婚多的迷思。另據統計，十年中男方主動訴請離婚者占40.88 ‰；女方主動訴請離婚者占59.09 ‰，而且女方要求離婚的比率年年升高，顯示現代女性自主性強，已不甘於永遠承受不幸福的婚姻枷鎖，現代人的婚姻觀眞的與以往大不相同。這不僅影響個人、家庭，亦成爲社會所關注的問題。

13.1 社會問題的定義

在社會發展過程中，由於某些社會活動和社會關係與現實的社會環境失調，致使社會全體成員或部分成員的正常生活乃至社會進步、社會秩序發生障礙，從而引起了人們的關注，需要以社會的力量來解決的現象。一個社會問題的形成，一般得具備如下條件：

1.這種現象是一種超常狀態。

2.對社會全體或部分人的正常生活有影響。

3.首先由社會上的少數人發現，隨之引起大多數人的注意，並有改善和解決的願望。

4.需要依靠社會的力量才能解決。

一般說來，社會問題具有以下六種特點：

1.普遍性。社會問題是人類社會的必然產物，古今中外概莫能例外。

2.趨同性。隨著國際間交往的擴大，某一國家出現的社會問題，在同一時期，其他國家也會有類似的問題出現。

3.時間性。不同的社會發展階段出現不同的社會問題。

4.空間性。任何一個社會問題都發生於一定的範圍，發生在同一地區的社會問題有相似之處，但並非完全相同。

5.複雜性。幾乎所有的社會問題都是由多種因素造成的，不是一個單一和孤立的現象。

6.相對性。由於各種社會的道德規範、風俗習慣、社會法規以及宗教信仰等的不同，人們對社會問題認識的標準也不同，

在這一社會被看作是正常現象，在另一社會則被人們看作是問題。

　　任何一個社會問題的形成，既有歷史的根源，又有現實的社會背景。現代社會中社會問題產生的根源和背景，不是單一的經濟原因或主觀原因，而是複雜的多種因素，即人口的、心理的、社會的和文化的，這四種因素當中的任何一種，都可能導致社會問題的產生。首先，人口作爲生物因素，如任其自然增長，就要產生人口過剩和高人口壓力現象，隨之會產生墮胎、溺嬰、貧窮、移民、住房擁擠以及環境惡化等社會問題。其次，社會價值、生活態度作爲社會心理因素，如社會態度和宗教信仰等價值觀不同而發生衝突，就可能導致種族歧視、盜竊犯罪、家庭悲劇、自殺等社會問題。再次，社會組織作爲社會因素，許多社會問題產生往往是由組織失控、功能失調所引起的。最後是文化因素，文化影響著日常的心理和行爲，是人們的行爲規範，如果某部分文化發展得快，某部分文化發展得慢，就會發生文化失調現象，並成爲許多社會問題的來源。社會問題的範圍是非常廣泛的，它的分類也很難依據某一標準，多數社會學家都是依照當時社會發生的問題，用舉例法來進行分類的。常用的分類法是依據人類生活的範圍，指出如下社會問題，並可細推：(1)人口問題；(2)族群問題；(3)家庭問題；(4)經濟問題；(5)政治問題；(6)國際問題；(7)犯罪問題；(8)宗教問題；(9)教育問題；(10)生活問題；(11)環境問題；(12)交通問題；(13)災害問題等等。

　　社會學者提出社會問題是指：「能影響到相當多數的人們，並被視爲是不欲的一種社會情境，同時對此情境，人們感覺到是可以透過集體行動來加以解決者。」（孫本文，1973：

204）　一個社會所出現的問題，之所以被當作「社會問題」，是因為社會的大多數成員認為導致問題發生的根本原因，在於社會，而它的解決，必須要謀求整體社會的努力。另外根據富勒（Fuller）和梅耶斯（Mayers）對社會問題的定義，他們認為一個社會問題即是：一種被相當數目的人們認為是與他們所持有的某些社會規範產生了偏離情形的狀況，是故，每個社會問題包含著客觀條件和主觀定義。所謂客觀條件即指：可由公正、經由訓練之觀察者確認出其存在和數量（比值）的可驗證情境，如環境污染情況、出生率趨勢、失業率等等；主觀定義則指：某些人體認到某種情況對其所持有之某些價值造成了威脅的情形。這種偏離情形只有靠眾人集體的行動才有去除或改善的可能，單憑一個或少數幾個人是無法做到的。就其定義，我們可以歸結一種社會現象是否被視為社會問題，便涉及了：

　　1.這個現象違背了某些公認為良好的社會規範或價值，或觸犯了某些人的利益。

　　2.這個現象為大多數人認為是普遍存在於社會結構中的問題，且其嚴重性持續一段相當長的時間，可能對許多人產生不利的影響。

　　3.在絕大多數的情形下，這個現象的發生非由個人或少數人所應當負責的。

　　4.對此現象，人們有加以改進或去除的意願，並相信有可以改進或去除的可能，但是改進或去除並非一個人或少數人可以做到的，必須透過某種集體行動的方式才可能達成。

13.2社會問題的理論

我們可以說社會問題也就是一種社會關係的失調。由於社會的存續與發展，是建構在社會中各單元的和諧互動，並完全發揮其機能，此種關係如果因道德價值的改變、社會制度的變遷，而有所破壞，各部分不能發生適當的作用或相互矛盾，因而妨害全部或部分的順利進展，就成為社會問題。為了說明社會問題，社會學者建構了社會問題的理論，多年來社會學家對社會問題提出的研究觀點頗多，彼此之間也有相當差異，這是因為立足的角度及採取的觀點不同所致。本節引介較為著稱的數端，以供學者參研。

一、文化失調論

人類的生活是由物質文化和精神文化所組構而成，但是文化進展速度有快慢的不同，一般是物質文化比非物質文化進展為快，於是彼此之間有失調或不能適應的現象，便產生了社會問題。

二、社會價值衝突論

所謂價值係指一特定社區的標準、理想和信仰，至於社會問題，卻是任何客觀的社會情境依許多人的社會價值來判斷，是要不得或有害的。因為社會中各團體的人有不同的價值，他

們對某種情境的判斷,有見仁見智之別,便發生了觀念、價值和行為上的歧異,而所謂社會問題,事實上就是價值的衝突。

三、行為迷亂論

行為迷亂是指社群中人們無視規範的一種狀態,這種狀態造成人們希望喪失、目標喪失、侷促不安、自我疏離。隨著經濟快速發展,個人的慾望直線上升,以往漸進式的提高生活水準方式,已不能讓人群感到滿足,因而指出,此種無限的慾望提高,驅使人群為著能夠得到滿足,而破壞了社會原本具有的社會規範,因而造成社會問題。另外,突然遇到不景氣,地位、角色的快速變化等,社會對於個人的慾望所產生的控制力亦會喪失,規範對於社會控制功能顯現不足,皆是形成社會問題的主要原因。

四、社會解體論

所謂社會解體是指社會的各項制度之間不能夠調和,造成社會秩序與規範呈現缺憾的狀態。社會解體形成,對各個成員所產生影響力的減退,成員之間呈現強烈的反社會態度。由於以往所具有的社會結構呈現崩壞,社會對於成員所採取的社會行動基準影響力減少,人群具有濃厚的反社會態度,大眾缺乏遵守社會規範的共識。再者,在此種解體的狀況下,社會的種種構成要素,即目標、價值標準或規範、行動模式、社會資源等相互之間,存在著不均衡的關係,全體社會、區域社會或社會諸集團的功能產生障礙。在解體狀況的社會與團體當中,由

於既有社會的整合功能出現障礙，因此，造成人群的不滿、挫折、緊張，以及相對的剝奪感等現象，因而導致社會問題的產生。

五、文化衝突論

由於不同的團體有不同的行為規範和價值，因各團體享有不同的文化，因此產生了文化衝突。例如：移民或區域性的遷移，因與原屬區域文化不同所產生的結果，常會因為文化衝突導致社會問題的出現。

六、標籤理論

社會於制訂規範的同時也創造偏差，而尊奉規範的反面即是偏差，應用規範來界定某些人，並指稱他們為邊際人。偏差不全是個人行為品質所決定的，而是他人應用規範及制裁於違犯者的結果。依據這一觀點，倘使一個人的偏差被發覺且不被原諒時，他就成為被扣上標籤的偏差者，這個偏差的標籤或身分使個人成為「邊際人」，因此造成對社會規範的抵觸和違背的「自我實現」。

13.3 當前的社會問題

根據行政院主計處所發布的台灣地區社會指標統計，可以讓敏銳的觀察者去發掘到不少現存、甚且已嚴重或潛伏的社會

問題，造成這些問題的主要原因紛雜多元，如以相關的社會學理論加以分析則源於：第一，價值信念變異；第二，家庭功能不彰；第三，社會秩序迷亂；第四，社會保障不足。

一、價值信念變異

台灣地區近年來隨著工商業迅速發展，國民生產毛額急遽上升，經濟成長以及民主化的趨勢，導致社會以及個人行為思想的改變，已是不爭的事實。人們的生活形態與價值意識也和以往大不相同，從報章雜誌中幾乎不曾間斷的經濟犯罪與金錢引發的暴力事件可看出端倪，以往農業時代辛勤安分的精神已不復見，改由盲目逐利的金錢遊戲所取代，這種現象對我們所處的生活環境已經造成極大的危機。台灣物質社會不斷成長，原有的社會、經濟與精神結構卻未能因應環境的改變而隨之調整擴張，以致舊有體制無法容納眾多成長的事物，使得社會規範失去對社會成員的約束。在這樣的背景之下，不但個人的價值觀有著極大的變化，甚至整個社會價值體系也受到嚴重的挑戰。有識者正努力設法加以匡正，借助於適當的理念與措施，以重新建構一個健全的社會。

由社會化的過程，使社會大眾的個人價值觀在差異中維持統一雷同，進而影響或支配日常生活中的互動，藉以體現社會的和諧與整合。相反的，如果沒有社會價值體系的存在，個人所承受的價值社會化將會凌亂不堪，根本沒有社會互動的共同基礎，那麼社會秩序一定會混亂。因此社會價值與道德是維持社會秩序的兩大支柱。

現代社會的特質是快速而急遽的變遷，除了造成社會形態

的變化外，也帶動了人際關係的改變，此種改變形成人際互動的疏離，這更凸顯在變遷社會中價值重整工作的重要性。經由「心靈建設」的強化，將有助於形塑社群成員「生活共同體」的意識，乃至於落實「生命共同體」的體現，因為倘使民眾具有我群的意識，自然會流露出對社會環境的關懷和參與。這種社群歸屬感，也將使彼此易於產生休戚與共、榮辱共存的心理意念，不僅有助於造福鄉梓，同時社會與國家的關係都能有健全的發展，這項有意義的工作，將不只是心靈改革的體現，也是社會成員的共同期待。

二、家庭功能不彰

基本上，家庭所具備的功能應包括生物性功能、感情性功能、經濟性功能、保護性功能。然而在社會結構變遷中，一些功能已逐漸減弱，或由其他機構取而代之。以生物性功能而言，在民德約束力較弱的工業社會裡，婚前或婚外性關係屢見不鮮，家庭原來能提供性慾滿足的功能已不若已往重要。另外，由於婚姻結合，強調情感性理由，並且受優生觀念的影響，一般家庭的子女數日益減少，有些夫妻甚至不願生養子女，導致家庭的生殖功能亦受影響。至於社會化功能方面，現代社會普遍設立的教育機構與豐富多元的傳播媒體，使得原來負擔大部分兒童社會化功能的家庭角色有所變動。家庭原先所具有的保護功能，亦因工業社會中職業分化的程度提高，社會福利機構、醫療單位、警察治安單位等的增加，而逐漸被取代。

變遷是社會的必然現象，社會結構如此，家庭結構亦然。

台灣地區的家庭結構，受到人口生態的變化、都市化壓力的銳化和同住意願的轉化等因素的影響，已經產生了一些變遷：在家庭形態上，核心家庭增多，大家庭減少，並且衍生出單親家庭和許多特殊的家庭形態；在居住形態上，子女與父母同住減少，老人獨居增多；在權力結構上，父母權威性衰落，子女自主性提高。

為了因應家庭結構的變遷，我們有必要對家庭政策、獨居老人、單親家庭和相關的服務網絡謀求改進之道，營造一個合適的家庭生活環境，使每一家庭成員都能滿足需求，進而穩定社會，發展國力。

家庭是人類生活中最早接觸也是最重要的單位，同時是社會最基本的組織，一個人從出生到死亡，家庭生活占了大部分的時間，家庭也是提供人類社會化的最初組織，所以，影響一個人最大的團體就是家庭，殆無庸議。但隨著社會的快速變化，無論是東方或是西方社會，其家庭的結構都有很大的轉變。以台灣家庭而言，受到社會、經濟、人口結構的改變，及工業化等因素影響，使得如家庭人口結構、成員的價值觀均有所改變。

由於未能適應變遷的情況，自易造成家庭問題，在現行的家庭問題中，親子關係的互動不良居大多數。親子間的關係，是維繫一個家庭完整的主要因素，如果親子關係是冷淡的，甚至是敵對的，這個家庭必是問題重重，而且會對家庭成員的人格發展與行為產生負面影響。如果親子關係是和諧、親密的，則這個家庭是個健全的家庭，亦有助於家庭成員人格的健全發展。

三、社會秩序迷亂

當我們閱讀報紙、收聽新聞或是收看電視新聞時,皆不難聽聞其中不少關於犯罪的新聞,這些手法凶暴,行徑駭人聽聞的行為,不僅來自社會基層人員,甚且也來自受高等教育的知識分子,除了造成社會大眾對犯罪的恐懼心外,更令人感慨世風日下,道德淪喪,人心不古。在現今社會下,充斥著此仆彼起的犯罪行為,且手段越加凶狠,使人聞之色變,人們何時才能真正享有免於恐懼的自由?各項民意調查皆顯示:民眾普遍而迫切期待社會治安的改善,以能擁有起碼的安全生活保障。然而若根據內政部所公布的犯罪統計數字則明白顯示:自1991年至今,國內刑案發生率、犯罪人口率、被害人口數等方面,皆大幅增長,顯現治安惡化的情況。

雖然犯罪行為是人類諸多行為中的一種,而如同社會學家孫末楠所說:民俗締造了真理,於此同時亦建構了好與壞、對與錯的社會規範。因此不論在何種時代、地點,都會有犯罪行為發生,但我們卻不能因此無視於犯罪事件越來越多,犯罪年齡卻越降越低,犯罪領域越來越擴大的趨勢,以致影響到社會的正常運作。因此我們必須提出有效的防治辦法,積極將犯罪控制在整體社會能接受的範圍,俾使民眾能在一安和樂利的環境下生活。

四、社會保障不足

社會安全的產生,是由於工業社會的生產形態和家庭關係

的變化，使個人原本依賴家庭、親族所提供的生活保障，轉而
爲政府和社會機構所取代，運用制度化的規畫以滿足民眾生存
的基本需求，成爲多數國家發展的目標。尤其，我國在邁向現
代化過程，積極追求經濟發展，並以此經濟成長的成果，透過
合理的福利服務體系以均霑於全民，向爲政府致力追求的目
標。我國近年來社會大眾更加重視生活素質的提升。爲了追求
財富的公正分配，建立完整健全的社會體系，以期縮短所得之
間的差距，使社會中現存的弱勢團體獲得正義力量的支持，人
們期盼政府進一步建立完整的社會安全體系。

十七世紀思想家米爾頓（Milton）在《混沌》一書中寫道：
「物質是無形的，空間是有限的。在混沌的社會中，你不能做什
麼，不能計畫，也不能一路推理到底，在混沌中，只能生存。」
隨著社會快速的發展，自然會加速社會形態的變異，這三百年
來，經過人類的努力改造，科學理性啓蒙，促發人類的智慧，
也克服對混沌無知的恐懼。社會學研究者不僅興趣於理性客觀
探索，更期盼能自研究成果中積極導引社會的發展，以期能貢
獻所知，與社會成員共同建構一個和諧、公平的理想社會。

13.4 社會控制的運作

社會問題嚴重時將造成社會解組。社會解組是一個社會經
過分裂、破裂、崩潰直至瓦解，變成幾個不同單位的現象。此
概念最初由法國社會學家涂爾幹所創用，他認爲人與人之間因
相互交流、彼此影響而形成社會一體化，缺乏這種交流和影
響，就是社會解體。由於社會控制力削弱等原因，維繫社會整

體的規範體系和價值體系受到衝擊和破壞，從而使得群心分散、社會凝聚力變小、離心力增強，它伴隨著個人偏差行為增多、群體分裂、社會組織的瓦解。比起社會解組，社會解體在速度上更迅猛，在程度上更劇烈，在範圍上更巨大，社會解體的根本原因是社會基本矛盾的激化。「社會政策的原意，乃在解決社會問題，促進社會改革。簡言之，社會政策就是處理社會問題的對策。」（詹火生，1987：186）　因此，根據行政學者西蒙（Simon）的說法：「社會政策的制定過程首先需要瞭解社會問題，方能有效控制並且解決該問題」（Scott, 1992: 187）。

　　社會問題足以威脅社會的發展，不僅為社會科學研究者所關懷，並且企圖加以調整改善。就該問題的解決大致上可分為下列方式：

　　1.在社會快速變遷下，運用理性態度探求人類的生活與社會環境中所呈現的事實與問題，並為妥善的設計與規畫，圖謀社會各方面的均衡發展，才能使社會轉向於新的發展價值和目標。

　　2.社會問題的發生，具有連鎖性及循環性的現象，其因素非常複雜，所以，必須先就病象事實及其內外在因素從事調查研究，並擬訂政策和計畫，進而推行積極性的改善措施。亦即，當社會問題的癥結被清楚地瞭解其性質、範圍、原因及影響後，便宜提出具體有效的辦法，俾為改善的依據。

　　3.社會政策與社會立法的協調與配合，亦即解決社會問題的必要條件，如社會立法的順應實際需要、社會政策的健全完整、社會工作的專業化等，皆能助益於社會問題的解決工作，同時，必可減少許多原則性和片面性的行動，來影響預期的成效。

　　4.社會問題妥善與適當的解決，必將避免社會病態現象的重

現，以及減輕威脅人類社會繁榮與進步的阻力，共謀維護人類的尊嚴、權益與正常的生活，增進社會的和諧發展。

5.社會問題是與整個社會有關的，要徹底圓滿解決，必須借助社會的力量及各方面之合作，方能克竟事功。

社會學家孫末楠說：「社會現象和人類行為好壞、對錯、善惡的判定，是與判定者的經驗、價值、觀念、利益，以及當時流行的規範有著密切的關係。」（Landis, 1974: 86）以社會問題的界定而言，具有主觀上和客觀上的認定。所謂客觀上的認定是指：部分的社會成員，其行為結果的內涵違背了某些道德、價值標準或是利益。該問題的嚴重危害性為有識之士、社會大眾所注意，成為公眾論題，最後由特定的組織及制度來處理。至於主觀上的認定則係來自個人的意念及價值，由於人類表現在社會階層、群眾、利益、權威和知識程度等方面的差異，人們的道德、價值和觀念也可能隨之不同，因此對於一個社會現象的「問題感」的體認和確立也有了差別。就社會學的觀點，中外古今任何社會幾無可避免會有社會問題的存在，爰此，運用理性主義使人們能清楚界定社會問題為何，並且能更有自信的解決該問題。而人道主義的運用則使我們發掘更多的社會問題，肯定其嚴重性，並積極促使人們對社會問題產生更多的關懷和奉獻。以此態度面對，不單使社會道德秩序得以穩定建構，同時能促發人們以更為理性、健康的態度，克服社會變遷所帶來的各項問題。

法國社會學家涂爾幹曾以行為迷亂的概念，說明社會出現無規範的狀態。他發現，在社會快速變遷的時代，傳統的規範已無法有效範定個人行為及社會環境，個人的慾望如同脫韁之馬般快速衝撞社會結構，以往強調以漸進程序提高生活水準方

式，已不能讓人群感到滿足，既有道德對於個人的行為所產生的控制力亦逐漸喪失。社會結構崩壞，即目標、價值、標準、規範、行動模式、社會資源等相互之間，存在著不均衡的關係，社會功能產生障礙，導致成員之間的統合性喪失，造成社會病理現象普遍化，諸如偏差行為、犯罪現象、高度人際疏離感等等。而在解體狀況下，原本用以規範人們行為的紐帶顯得鬆弛或者斷絕，人的不滿情緒、挫折感，及相對的剝奪感等感受特別容易產生；加以個人意識的抬頭，因而造成不擇手段、為所欲為等情況，均是急速變遷社會中犯罪情況嚴重的導因。

或許有人將目前我們的社會定位在過渡中，是傳統結構逐漸邁向現代社會的必經門徑。然而，自解嚴迄今亦已十餘年之久，此階段不僅顯得冗長，同時社會病理現象一再引起人們的憂慮。值此，面對整個社群環境，我們亟須建立新的行為標準、道德價值、規範律法，並且自心靈的改革做起，經由道德重整、心靈教育，發展人心本有的良善，認清生存的價值和生命的意義，匡除社會亂象。當然，我們亦必須承認，傳統禮教對於今日社會的秩序及人心教化，確有力所未逮之處，期望運用過往的章法、標準，作為生活的規範，甚難產生積極的作用。因此，除經由個人自心靈世界產生深刻的自省，嚴格的自律及澄明的心靈，以尋求穩、實、安、命的定位外，以更為崇高的目標作為人生發展的標竿，以及經由家庭、法治、教育、文化、宗教、媒體、輿論等機制的共建，以重新形塑符合今日社會的規範、律法、社會風氣等，則的確是整體社會亟待共同努力的方向。

14. 社會成員與公民社會

人並不是天生就知道追求進步，也不是天生就知道組織社會藉以獲得更大的幸福。相反的，是先有社會才使人有了各種知識與追求更大快樂的保障。

埃米爾·涂爾幹

　　人類爲維繫生存，必須保護自身安全與滿足基本上的需要，隨著個人慾望的增進，人們經由結合群體的力量，以獲得必要的滿足，因此在共同的社會生活中，創造了家庭，形成了村落，制定了鄉黨鄰里等社會制度，同時建構彼此溝通的語言，因襲成俗而有了習慣、傳統、科學、宗教、藝術、制度等文化，所以社會是有組織的一個集體，在一個共同地區內一起生活，由此可知社會與個人關係的密切性。爲了能對社會現象更加清楚的描繪、解釋、預測及有效的控制，經由社會學者的努力建構了社會學，其主要內容便是以個人爲核心，用以說明個人與個人、個人與社會、個人與環境彼此間的關係。

　　「個人」是組成社會的基本單元，「個人」也是社會關係的一個根本單位，沒有個人社會也就無法存在，同樣的，個人也依存於社會，靠社會滿足人類的各種需求，個人與社會兩者是互相依賴和互相影響的。社會是由個人的聚集所構成的。在「社會與個人」關係中，不論是主張「社會唯名論」或是「社會唯實論」，大概都能以下述兩個事實爲前提來進行思考。第一，個人是客觀存在，個人是行動的主體；第二，我們所說的社會是客觀存在，它是由多數個人的相互行動而產生的。簡言之，個人參與社會是爲能滿足下述需求：

　　1.維持個體的需求：與攝取食物及恢復精神有關的生物層次的需求。

　　2.維持種族的需求：性需求與育兒有關的母性需求。

　　3.他人互動的需求：依賴他人、與他人產生共鳴、希望得到他人的承認及尊重等等與他人交往的需求。

　　4.文化價值的需求：想掌握學問、學習技術和技能、在事業上取得成功等，源自文化價值的目的而產生的各種需求。

14.1 個人組織成社會

　　從社會的微觀分析，個人是組成社會的基本單元。這種主張正是「社會唯名論」所強調，社會唯名論原是哲學名詞，產生於歐洲上古犬儒學派。中古時代，時常有唯名論與唯實論之爭，前者以爲只有個體是實在的，所謂社群只是虛名而已（例如個人是實在的，群體不過是一個空名），唯實論（或實在論）則謂社會就是實在，而且存在個體之中（例如個人必然死亡，而人類則永久存在）。在認知上唯名派強調個人的獨立，唯實派則強調集團心理和團體的制裁。社會唯名論的概念，認定社會只是個人，個人以外並無任何超個人的實在。社會唯名論者認爲個人爲社會學研究的對象，從個人行爲的細節上，或者從他們行爲中可能推知的事項上加以研究，而這些都是社會學研究的題材。站在這個立場，社會學的概念只是代表那些個人行爲的共同因素或由個體集合起來的簡括名詞。以社會學派別論，法國的達德屬於唯名論，涂爾幹則屬於唯實論，因爲達德認定社會現象不外由交互動作中各個人的信仰慾望結合而成；涂爾幹則以爲社會係超出個人之實體。

　　因爲在個人層次上探討的社會現象，都可以分解爲個人行動和相互行動，也就是說，社會和國家無論多麼巨大，還是由構成它們的個人所聚集。不僅如此，如前所述，只有個人才能成爲行動主體，因此，行動是組構社會的主要因素。至於影響個人行動的要素，則概可區分爲：

一、需求

行動是由動機開始，動機是引發行動的主要來源。人如果沒有動機，就不會自發地行動，因動機建立而產生的行動，也將隨著動機的消失而終結。促使有機體產生動機的因素是需求。

二、目的

行動是實現需求滿足的過程，行動是行動者的目的實現過程。這兩種說法雖然被認為敘述的是一個同樣的事實，但其角度是不同的。需求或需求的滿足，是觀察者從外部客觀地觀察行動者而得出的概念，而目的則是站在行動者自身的主觀立場上的表述。日常生活中有許多個別目的，例如：因為飢餓了就要吃飯，是相當實際的，目的的設定是由個人進行的，也就是說意義的賦予是屬於行動者個人的主觀世界。功利主義把行動的目的作為前提，把目的與手段關係合理性的基準置於中心位置。也就是說，只要提出目的，就可以科學方式選擇最有效率、能順利實現這一目的的手段。

三、意識

意識是指個體的一種知覺，包括個體的記憶、想像、夢想、快樂、痛苦等私有世界，這個私有世界和意念會影響個體的行動。

四、情境

行動不是在眞空中發生的，通常是在情境中產生的。情境一詞，如以大範圍來界定是由物、人和符號所構成的。物的情境有自然和人造物之分，自然就是如大地、海洋、河川、空氣、森林、鳥獸等；人造物是人類經由勞動過程而加工出來的，如耕地、飲水、房屋、店舖、作物、商品、工具、機械、工業產品等。這些物的情境與人的行動的關係，可以根據行動者將它們置入行動中的方式，劃分爲四種，包括目的、手段、條件、方法。

五、他人

所謂他人是行動的條件，是指行動主體雖然未把該人直接與行動過程結合起來，但他人的行動卻間接地影響著行動主體的需求滿足過程。所謂他人是行動的障礙，是說該人對行動主體的需求滿足過程產生負向作用，妨礙目的達成的作用，例如：父母禁止子女觀看電視。

六、符號

符號有語言符號和非語言符號之分，作爲意義傳遞媒介使用最多的是語言符號。在行動中，有許多爲用語言符號把自己意識世界中的主觀意念傳遞給他人。非語言符號是一種在使用上很受限制的形式，爲音樂會作曲的音樂家和演奏樂曲的演奏

家的行動，爲展覽會繪畫的畫家的行動等，都是純粹使用非語言符號把一定的意念傳遞給他人的行動。

七、 規範

　　行動可以爲環境中的他人所觀察和評價。人並不是什麼事都可以作爲，通常是受可以作爲、必須作爲和不能作爲等區別的約束。提供在特定情況下應該怎樣行動的基準，就是規範；而提供理想作爲的基準，就是價值。某個群體內爲多數人所共有的規範，產生了要求順從該規範的壓力，當自我不能順從他人所施加的壓力時，自我便成爲群體中的孤立者。行動的目標實現不能只靠單獨行動者，必須和許多他人協調，協調程度要與需要相適應。在群體中的這種孤立，將使自我的目標難以實現，因此，正像布勞 （Blau） 的分析，自我爲了實現目標、滿足需求，只好接受使其順從的壓力，進而努力取得他人的社會承認。但是，當自我強烈地感覺到難以承受這種壓力時，自我對待他人的態度就有了疏離性傾向，這種疏離性是偏差行動產生的泉源。社會規範的內容包括法律規範、道德規範、社會習俗、宗教等等，其功能表現在：(1) 將人們的各種活動，各種關係有機地聯繫起來，由共同的準則達成人類社會生活；(2) 維護人類生活的社會性準則；(3) 協調社會各部分的關係，使社會維持一種相對穩定的秩序；(4) 保證社會的均衡發展；(5) 保存和傳遞社會文化，維持社會的不斷延續；(6) 它爲個人提供了一整套行爲的模式；(7) 是個人社會化程度的重要衡量標準；(8) 促使個人在社會生活中滿足各種需要。總之，社會規範使社會控制和個人的發展有效整合，以保障社會的完整和秩序。

以上從七個方面列舉的各種要素，其中，前面的三個因素（需求、目的、意識）是關於行動者個人方面的，後面的四個因素（情境、他人、符號、規範）是關於情境方面的，這些都是用社會唯名論的觀點，論述個人與社會關係的各種類型。

14.2 社會對個人影響

將社會視爲超越個人獨立存在，並影響個人的是「社會唯實論」的主張，該主張的主要代表人物有英國的史賓塞、法國的涂爾幹、美國的莫爾（More）等。社會唯實論者認爲社會是超越個人而存在的實體，全體性的社會先於個人而成立，而且對個人具有影響性並規定了個人的存在。社會有集體的意識和集體的表徵，如宗教或主義的共同信仰、社會價值的共同認定，包括國旗或十字架之類的象徵性標誌等。既然社會是一個實體，那麼我們就必須從實體出發，把社會作爲一個具體事物來描述，要避免心理學上僅憑個人意識來解釋。社會唯實論強調社會的實在性，否定個人的獨立性和主體性，對個人而言，社會誠屬不可或缺，因而有社會的構成因素以爲因應，用以維持社會的運作，這些因素包括：

一、風俗

風俗是世代相傳做事或行動的社會習慣。風俗既是一種社會的力量，對於個人行爲自然發生影響。風俗所規定的爲一種社會標準，對於個人具有約束的力量，即所謂風俗的強制力，

個人對風俗有順從的趨向，即所謂順從多數人的心理。風俗之所以發生影響，即因這兩方面的關係。流行的風俗，即說明社會的價值，當個人違背風俗時，即表示社會不贊成的態度，這種不贊成的態度，稱為社會制裁，對於違背風俗的個人，發生很大的影響。風俗在鄉村中的力量比都市為大，鄉村中風俗單純而少變化，人口既少，一致奉行，苟有違背，眾人共見，故其力量自然較大。都市社會則多元雜處，人各有其原本遵守的風俗，故風俗複雜而變化多，誰都不能強制誰奉行單一的風俗，於是力量弱而影響小。

二、時尚

時尚是一時流行的樣式，樣式就是任何事物所表現的格式。凡屬樣式總可時常變遷，只要社會上一時崇尚，任何樣式無論是有形具體的，或無形抽象的，都可稱為時尚。時尚的第一特點是「標新」，無論是服裝用具等等，都有一種趨向要表示與以往不同。韋伯倫 （Veblen） 稱之為「新奇原則」。時尚的第二特點是表示「入時」，凡入時的，遂覺得優美，覺得好看，覺得為人所看重。時尚的第三特點是表示「從眾」，愛爾華說：時尚純粹是一種模仿。時尚是仿效團體中他人的行為，不是為「實用」，而是為「從眾」。時尚的第四特點是表示「奢侈」，表示其力能「多費」入時，而可以不事勞作。時尚的第五特點是表示「立異」，人有一種願望要表示與他人不同，亦即「自我個別化」。

三、道德

　　道德就是人類社會認為正當的人應該遵從的行為標準。其次，道德既然是正當的行為標準，凡合乎這種標準的就是「是」的、「善」的；不合乎這種標準的就是「非」的、「惡」的。道德的行為含有一種義務觀念，道德與風俗是大不相同。風俗的流行，大致由於順從多數的心理，人之依照風俗，只是順從社會習慣，大家如此做，我亦如此做。道德的行為含有善的行為意義，同時，道德行為的標準是由社會所決定，一個社會常在過去定了許多行為的標準，凡可以激發人的義務心與責任感的行為標準，就是所謂道德，所以道德是社會所決定的。涂爾幹說：「道德命令我們，就是社會命令我們，我們服從道德，就是服從社會。」因此可知，道德的根柢全在社會。

四、法律

　　法律對於個人行為的影響，可從消極與積極兩方面分別言之。消極方面，在限制個人行為，不能有法律所不允許的行動，以適合國家社會的需要，凡國家社會認為需要的行為，由法律規定。積極方面，促使個人在法律所容許的範圍以內活動，以保障社會利益，增進社會幸福。法律之於社會，一方面是一種制裁，一方面是一種保障，制裁在限制違反法律及不利於社會的行為，保障在保護社會合法的行動與利益。

五、 教育

涂爾幹說：「教育是一代成人對於社會生活尚未成熟的一代所發生的影響；教育是一代年輕人的社會化。」其次，教育是以社會的標準去規範年輕人的一種作用，教育是社會約制個人行為的根本法則。其功能包括扶植個人自立、傳遞思想文化、造就社會成員、敦促社會進步。

社會是由各個部分聯繫起來，個人依據整體的要求參與社群，以達成完整的體系狀態。帕森斯將社會視為一個系統，系統中的各個部分在功能上相互依存，並為所屬成員適應社會生存的必要機制。當功能分化到一定程度時，社會依據一定的目標加以協調和整合，以確保社會體系的統一性。個人整合至社會係在兩個層次上進行：

第一，接受社會制度的規範：即經由一系列的規則和行為準則，使社會成員依據要求相互協調，表現出各個成員的配合默契，達成社會秩序穩定。

第二，社會個體間的有機整合：經由一定的價值標準、法律規範、道德規範等，確立個人在社會共同生活中的行為準則，並且產生互補性的效果。社會控制的目的就是為了促使個體能有效維繫複雜的社會關係，達到社會結構的平衡，維護社會的穩定。社會整合的手段有多種多樣，主要有意識形態整合、行為規範整合、法律整合、政策整合、輿論整合等等。

至於，個人對於社會環境調適的基本目的有三：

第一，維持人格的完整：如果環境的力量足以妨礙或破壞人格的完整，人必起而護衛。這護衛的行為，我們稱它「調

適」。

第二，滿足人生的需要：人生的各種需要與各種願望——安全的願望、感應的願望與稱譽的願望。人爲滿足這種種需要與種種願望，乃表現種種活動以調適於環境。如果環境的狀況不能使人獲得適當的滿足，人必用盡方法以追求滿足，除非外界有極強的限制力量，否則人必追求直至獲得適當的滿足而後止。

第三，平衡人我的關係：人雖然都具有種種的需要與願望，但個人需要與願望的對象與範圍，因個人所生長的社會、所接受的教育、所從事的職業，與所結交的朋友等等，而有不同。無論需要與願望的相同或不同，人在社會中共同生活，勢不能不發生相互的接觸，由相互間的接觸，乃有衝突、競爭、侵害、抵抗、壓制、反動、欺詐、委屈等等現象發生，人爲平衡這種種人我間的相互關係，於是表現種種活動，人我間的關係不平衡，人的活動不停止，直至獲得適當的平衡而後終止。

總之，個人的行爲—無論是單獨的或與他人聯合的行爲—都無非爲維持人格的完整，滿足人生的需要，或平衡人我的關係。每個人的人格觀念、人生需要與人我關係，雖然各有所不同，但是皆具有這種傾向。人爲達到這些目的，乃表現出各種社會活動，以期能適應於社會環境，足見社會是個人生存的必要組織。

14.3 公民社會的建構

由於個人須參與社會，自然產生「社會意識」。所謂「社會

意識」，根據席汝楫先生的界定爲：「是主觀經驗或意識狀態的一種覺知。」（龍冠海，1985：180）因此不同的階級有其特定的意識，不同的種族有其族群的意識，居住不同的地域有其個別的意識。相同的意識可成爲群體認同的焦點，進而成爲一個社會單位。如採取行動則形成結合，加強認同作用及我群的感覺，並能爲共同社會相互合作。社會意識是人類共有的精神生活，也是社會生活的重要組成部分，其結構包括：

一、意識形態

是經過人們自覺的從社會中的各種現象加以抽濾、概化、創造出來的。

二、社會心理

即群體成員於交往、互動過程中形成共同的心理現象。

三、社會結構

其成分包含：社會輿論、社會風氣、社會偏見、社會習慣、社會情緒等，是一種對社會存在自發的結構形式。

社會是由個人的聚集所構成的。在「社會與個人」關係中，不論是主張「社會唯名論」或是「社會唯實論」，大概都能以下述兩個事實爲前提來進行思考。第一，個人是客觀存在，個人是行動的主體；第二，我們所說的社會是客觀存在，它是由多數個人的相互行動而產生的。我們應當思索個人爲什麼要

建立社會，在十九世紀到二十世紀的行為科學即提出了所謂「群居性本能」，認為人之所以建立社會，就在於天生具有群居的本能。在今天，本能概念顯然已經過時，社會學家對人類為什麼建立社會的現象重新做些說明，認為社會是經由持續的相互行動所形成的社會關係體系。

　　我們試把對動物社會的考察運用於人類。人的嬰幼兒階段與其他所有動物的情形相比，是最沒有能力而且需要長時間照顧的，他們長期需要父母的保護。另外，人的先天行為能力（本能）的範圍極其狹小，父母與孩子之間文化傳遞的重要性極高，這說明了古往今來人類社會中家庭的普遍性。另一方面，人類明顯地具有較高的衣食住行和文化方面的需求，要滿足這些需求，單獨活動是無法達成的，需要與他人合作和形成分工。在狩獵採集階段，分工僅限於男性狩獵、女性從事採集，到了農業社會階段，隨著農業生產力的提高，城市與農村之間出現了分工，而進入工業社會階段，整體社會的職業體系組織內部的分工體系快速地精密化，經過這種協調和高度分工，群體、組織的數量增加，地域社會範圍擴大。人類進入文明階段後，一味追求提高需求滿足水準的事實，解釋了為什麼在現代化、產業化過程中會出現群體、組織增加和地域社會擴大的現象。

　　以上這種以個人追求實現更高需求滿足為目的來說明社會的形成，同時也說明了個人與社會之間的關連性。

　　行動者對於外界事物的出現進行主觀的意識賦予，並從自身觀點出發加以定義。既然人類是透過與環境的互動作用而獲得人類生存所必需的物質資源，社會情境無疑是行動的重要構成因素。根據行動理論的說法，社會同樣也是行動者，因而在

社會情境與行動主體之間存在著相互行動。

　　人有兩種屬性：自然屬性和社會屬性，每一個人同時都兼具這兩種屬性。個人首先是一個生命有機體，是一個自然人，是一個能夠獨立進行生理活動的生物個體。從生理上看，個人是一個獨立的生命功能單位，不需要依靠他人就能實現自己的生命運動，這是人的自然屬性，決定人有飲食男女保障自己避免侵犯和危險的本能，但是，這樣的人在現實生活中是沒有的，這僅僅是一種抽象的人，不是具體的人。人之所以為人，不在於他的自然屬性，而在於他的社會屬性。正如涂爾幹指出的：「人的本質並不是單獨個人所固有的生物有機體。在其現實性上，它是一切社會關係的總和。」（林顯宗，1986：86）任何人都是在社會中生活的，荀子有一句名言：「人而無群，則苟無以為生。」所以個人不能不依賴於他人而獨立存在。

　　人的社會性主要表現在：人能創造和使用工具，進行有計畫、有目的的勞動，人類在生活實踐和其他實踐過程中，相互之間形成了一定的互動關係和其他社會關係，這些關係都有一套超越生物性功能的行為模式，並受一定的倫理規範所指導。易言之，社會行動不是在真空中發生的，而是在社會情境中產生的。行動者對於外界事物的出現進行主觀的意識賦予，並從自身觀點出發加以定義，凡對於行動主體來說成為情境構成因素的人，即所有其他行動者，都是這裡所界定的他人。社會之所以有規範，就是為了促使社會和諧有序的運作，否則人人擴充本慾，即造成人與人相互爭鬥之景，非但使得個人深陷於弱肉強食的叢林法則，同時社會因而解體。

　　公民社會還表現在沒有社會就沒有個人。個人是一個有一定人格的人，是一個有思想、有感情、有一定價值觀念和態度

並擔任一定社會角色的人。而一個人的人格、地位和角色只有在與他人的互動中才能形成，才能表現出來，因此，個人是社會的產物，個人的存在是以社會的存在爲前提的，個人的價值就是他的社會價值。個人是社會的一個細胞，而不是一個獨立的功能單位，如同一部機器上的一顆螺絲釘一樣，它是不能脫離機器而獨立完成一件工作的。任何不適當地誇大個人作用和價值的行爲，都是違反客觀事實的，都不是科學的態度和行爲。

　　社會學的知識在促使個人深切瞭解個人與社會間互動的關係。爲了達到對公民社會的建構，而能積極參與社群生活，社會成員尤應把握：

一、擴展個人對周遭環境的視野

　　因爲社會的範圍廣及於人們社會生活的各個層面，因此宜增進對人類的社會乃至整個社會現象有更多元的興趣及瞭解。

二、培育對社群善盡人文的關懷

　　社會關懷除包括關懷自己，且進一步關懷他人，甚至從宏觀的角度來關懷整個社會各種制度的形成及其變化的狀況，如醫療制度、福利制度、教育制度等。

　　社會創造個人，個人也在創造社會。社會中的個人並不完全消極被動的，每個人都在發揮自己的能力去改造社會，沒有個人的主動和積極的參與，社會就不能進步。在一定的條件下，個人對事物的發展發生決定性的作用，事在人爲。個人的

參與行爲越是得到充分的發揮，社會進步也就越快，這也正是社會學中常說的「人人爲我，我爲人人」。

　　一個社會之所以能夠持續的發展，除了有賴經濟、技術、自然資源等物質條件之外，尚須重視社會及心理的精神因素，瞭解自己所處的位置、所應扮演的角色，同時也瞭解別人所站的位置中，所要承擔的職責，如此可以提高個人對於新環境的適應能力，豐富生活內涵，並且增進社會的和諧運作。尤其現代社會的分工越加細密，人際之間的依存度越來越高，各種組織規模逐漸擴大，爲求組織之有效運作，必須要求成員遵守一定的規範，於此容易使組織中的成員產生所謂的人性疏離感，因此要使各種組織活動有效率，積極發揮功能，組織經營者必須滿足社會成員的需求。社會學的專業知識正可以提供增進合於人性需求的措施，促使組織成員的思想、感情、心理的層面需求受到合理的重視。

　　一百餘年前法國社會學家達德觀察社會的形塑和人類的行爲，遂於1890年建構了「模仿法則」的概念，認爲：人們的社會行爲只不過是個人與個人之間暗示和模仿的結果，超越時代的模仿其具體表徵爲「流行」、「時尚」與「習慣」。透過彼此的模仿，使得社會行爲的一致性較高，因此有助於人際互動，是以社群能穩健永恆的運作。

　　依照行爲科學研究者的分析，人天生有某種自然的行爲傾向和趨勢，爲謀社群的和諧發展，因此建構了如民俗、民德、道德、法律等規範，並經由社會化的過程要求爲抑制違背道德的作爲，俾成爲依序運作綿延不墜。影響個體社會化的機制包括家庭、學校、同輩團體、職業團體、傳播媒體及公眾人物等。隨著傳播科技的銳意興革及人們生活形態的改變，傳播媒

介深入每個家庭，牽動著人們的思維，形塑對外在環境的認知，並據爲行爲的章法已是不爭的事實。一般民眾多由電視、廣播、電影、報紙與網路系統等媒介，獲致社會價值、角色地位、行爲模式。

社會價值與規範係源於長期的孕育而成，《三國志》中的〈管寧傳〉便曾記述：「管寧避地遼東，講詩書，陳俎豆，飭威儀，明禮讓，民懷其德，無鬥訟之聲。」曾文正公所言：「風俗之厚薄，繫乎一、二人心之所嚮。」明儒顧炎武更嚴厲的指陳：「士大夫無恥，是謂國恥。」均可以體察自古至今，個人與社會在規範的建置與落實上息息相關、互爲關連。正證明在公民社會中個人與社會的關係。

隨著社會急遽變異，既有道德習俗已無法規範如脫韁之馬的社會行爲，其結果使「自我意識」恣意漫流，爲整個社會帶來極大的衝擊，有識之士更提出心靈改革，富而好禮，以期匡正每下越況的社會風氣。當此，個人實宜有更高的道德期許，以德風草偃領導群倫見賢思齊爲自我期許，善盡社會職責，以優質的行爲教養引爲公民社會的典範，進一步塑造祥和健康的社會。

社會變遷與社會發展

　　現代性所導致的變遷，不論是絕對速度或是激烈程度以及影響範疇，都是傳統變遷所無法比擬的；此種衝擊表明了：世界已經墜入了一個嶄新的全球秩序，所有的人都可以感覺到它所帶來的影響。

安東尼・吉登斯（Anthony Giddens）

　　蒸汽機的發展使人類由農業社會進入工業社會，網際網路的發展，則把人類帶進了資訊時代，資訊時代一個很大的特點是科技與知識不斷推陳出新，知識型的經濟形態也益趨明顯。知識經濟活動需要大批有知識的從業人員，這些人必須是知識分子或「知識工人」，而大部分的工作都需要不斷學習，求新、求變。因此無論居於何種地位，過去受過多少正規或非正規的教育，仍應不斷學習，才能因應工作需要，如此將使整體社會面臨極大挑戰。

　　在資訊爆炸的新時代，在快速變遷的社會中，每個人都必須不斷學習，因此終身教育將非常重要，知名心理教育學家卡爾·羅杰士（Carl Rogers）即稱：「一個受教育的人是一個懂得如何在社會變動的環境中去學習、應變，只有不斷追求知識以適應情境的人，才是可靠的人。」

15.1 社會變遷的意義

　　社會變遷是今日社會大眾耳熟能詳的名詞，也是廣泛發生於生活周遭的一種社會現象，依據社會科學研究發現：由於科技、經濟、政治、價值、意念、文化的快速變化，使我們社會正呈現著一種新的景象，這些現象帶來人們新的期待、互動，也同時造成人們挫折、疑惑。無論是正向的、積極的，抑或是負面的、消極的，社會學家皆期待能以理性的態度抽絲剝繭進行客觀而科學的剖析，以期瞭解造成社會快速變易的原委，期能導進社會的發展，引領人們走向一個有序、進步、可發展的璀璨明日。

　　「社會變遷」一詞雖早在1922年便爲美國社會學家烏格朋所提出，但是對社會變化的研究卻於社會學建立的同時便已展開。因爲人類在經營生活時，並非一直維持著傳統社會的結構與功能，由於人們不斷的追求較好的生活，除努力改善環境，並試圖改良或是創造新的文化。同時社會不是獨自封閉，它經常會受到來自外在環境的種種刺激與影響，當社會的各種因素，諸如成員的需求、價值意識、行爲模式、人口增減、階層流動、知識開發、科學增長、思想改變、技術進步、勞力供給、產業結構、政權消長等範疇有所變動時，均會促使社會變遷。

　　所謂「社會變遷」，一般是指：「爲既存的社會結構，隨著時間的改變，受到內在的或外在的各種因素的衝擊，以漸進或激烈的形式，出現部分或全體的變化。」由於社會各部門是彼此互爲關連，因此構成社會部門的任何一個因素變動時，往往直接或間接的影響到其他的部門。如果此因素的變化速度太快，致使結構間形成不良的整合，則會使得社會上大多數成員的生活，出現無法適應的不良後果，甚至導致社會結構解體的現象。

15.2 社會變遷的類型

　　由於社會變遷的原因相當多元繁複，所以產生的類型也多所不同。根據社會學家的歸納大致上可分爲：

一、演化式的變遷

英國社會學家史賓塞認為，社會中的個體與大社會之間的關係，宛如生物體與細胞之間的關係一般。生物體在成長的過程中增加細胞的數量，進而隨著量的增大，結構產生分化與複雜化，人類社會的結構產生分化與複雜化，情況亦復如此。結構分化的結果也促使功能產生分化。同時分化出來的器官，由於彼此之間的相互依存，產生連帶關係，社會各部門的相互關連亦與此情形相同。當然社會亦有異於生物體的一面，因此他把社會視為一種超有機體，並指出社會的進化是由軍事型社會往工業型社會改變。

二、發展式的變遷

回顧人類發展的歷程，是經由「洪荒世代」、「採集社會」、「狩獵社會」、「漁牧社會」、「農業社會」到「工業社會」次第的發展，與今日高度工業化的複雜社會相比，則現今社會所具有的農業、工業水準，以及服務業的發展，工業機械設備的使用，大都市的形成等，均呈現著顯著的對比，此種情況是人類社會不斷發展的結果。

三、停滯式的變遷

並非全體的社會均能順利地從原始落後發展到現在高度文明現象，直到現在，世界上尚有一些停留在農業社會的階段，

不僅如此,也有某些社會甚至還停留在原始社會的階段。

四、衰退式的變遷

文明社會,往往會被新興的族群所超越,一個大帝國衰亡之後,其文明亦隨著沒落,社會一度變遷到達較高水準之後,往往又回復到較低層次階段,此種變動的形態,在歷史上亦屢見不鮮,諸如:擁有高度文明的社會,由於蠻族的入侵而被毀滅;或是由於治安的惡化,導致工商業衰退等,使得整體社會的生活品質後退。

五、循環式的變遷

社會思想家們很早就將人類社會的變遷看作是一種永無休止的循環過程,從古希臘和傳統中國的思想家對這種循環論的主張到處可見。原則上這些理論相信人類社會歷史的變遷過程與自然生物界的生老病死過程是很類似的,他們認定不論社會怎麼變,歷史總是會重演的。進步的最後終極到頭來還是破壞和毀滅,正如人類生命歷程一樣,自出生經成年而衰老,終至死亡。但是死亡並不意味終止,因為新的生命會替代持續下去,再經歷另一類似的旅程。英國歷史學家湯恩比(Toynbee)也把社會發展史看作一種循環過程。他認為每一循環的起點是當人類面對自然界的挑戰而須在社會結構上加以調整時,為了應付挑戰,社會發展出一套反應的策略,如果這策略有效,則社會繼續生存下去,並發展以應付下一步的新挑戰;如果這策略失敗,社會即破壞滅亡。這種循環繼續不停的在人類文明裡

運行。索羅金是當代社會學裡循環論的代表，他認為人類社會文化有三個很明顯的體系：「理想型體系」、「意識型體系」、「理念型體系」，文明的變遷可以說是上述三體系的升降循環問題。

六、計畫式的變遷

　　一個社會的變化有兩種形態：其一，如自然的變化一般，出現自動的、無意識的變化；其二，基於人類慾望與為滿足需要所帶動的社會變化，亦即社會變革。如果放任社會變遷不管，將會導致社會出現毫無秩序的情況，使社會運作出現問題。如能考察社會發展趨勢，預估大眾之需，經由人為有計畫的引導，將可促使社會回應人群期待的方向前進。

七、 革命式的變遷

　　社會變遷除了單純變化之外，社會內部也會因矛盾而產生社會緊張的問題，為解決這些問題，必須急速而全面地調整社會發展方向，以試圖改變當時的社會結構，即是革命。社會變革有兩種形態：其一，改革或改良；其二，革命。改革指部分社會機構的變革，往往是在法律許可的範圍內，以漸進的形態進行，原則上禁止使用暴力的。而革命為對於既存的社會機構，從事根本而且全面性的改變，其目的在於促使支配秩序的交替，因此與改革有別，其特性是暴力的、突發的、激烈的、非法的。無論如何社會要從事變革時，往往會伴隨著社會運動。

15.3 社會變遷的因素

　　一般來說，一個社會文化為何會發生變遷有諸多原因，例如環境、人口、社會、競爭、信仰、價值、規範，或是來自工藝技術等因素所引起。社會變遷的形態，受到地區的特性，不同的時代，而呈現不同的風貌，但儘管如此，一個社會所出現的變遷過程與方式，由宏觀的角度來看，乃具有其普遍性。而說明這些變遷的普遍原理，即為社會變遷理論。不論是自何種觀點所建構的變遷理論，歸結其影響社會變遷的因素，包括：

一、科技因素

　　隨科學技術的發展將帶動工藝技術的變革，成為社會變遷主要原因。持此論說的主要代表者，諸如：烏格朋認為當物質文化受到科學因素導致進步速度超前於相應的精神文化，因而造成社會運作不一致的現象時，便將產生社會變遷，因此把社會變遷視為工藝技術改變的一種形態，特別重視技術革新與發明對引導社會產生變遷所具有的力量。 麥基佛（Maciver）認為近代社會發展的現象，全受技術變遷的衝擊而出現，或至少受其影響。法普（Farb）更把歷史上人類的幾項重要工藝技術上的發展列成一個時序表，用來說明工藝技術對人類社會變遷的影響。

二、人口因素

　　人們對人口的看法，已非僅單純的把它看作是一種生物現象而已。由於人口是組成社群最基本的單元，因此隨著人口的變化，必然導引社會結構的變動，其中不僅是人口數量的增減，即便是人口素質的變化，亦會造成社會的變遷，所以社會學家涂爾幹強調人口因素是導致社會變遷的主要因素。依據他的觀點，認為決定社會變遷的速度與方向，是導因於生活範圍的廣狹與人口的數量、人口分布和人口組合（即社會環境人口容量），因為這些因素影響著個人與團體的接觸、集中的程度。至於人口因素包括人口的出生率、死亡率、增加趨勢、遷移形態、兩性比例、人口分布……等，都可能影響社會上對資源的分配與利用。因此，一個社會裡人口特質的改變就可能導致社會失調，以致使社會發生變遷。

三、觀念因素

　　持此觀點者，如法國社會學先驅聖西門，其認為社會的組構根本在於人類的觀念，整體社會秩序的改變，是透過觀念的變化而進行，他認為觀念法則支配一切。其後孔德繼承其思想，認為歷史的變化，是受到人類精神的發展所支配，在歷史過程中發現：精神對於社會變遷的引導是基於主導地位。這種精神史觀或觀念史觀，特別強調觀念與知識等精神因素，是社會變遷的主要原因。

四、文化因素

　　社會學家強調：文化是人類社會一切生活方式的總稱。由
於文化所涵蓋的範圍相當廣泛，且容易經由不同團體的接觸與
傳播的過程，受其他團體的影響，因此文化是促使社會變遷的
主要因素。隨著不同類型文化接觸的日益頻繁，文化內涵從一
個社會擴展到另一個社會時，將會對既有社會造成衝擊，自然
形成社會變遷。

五、環境因素

　　人類的生存必須借助於環境，環境蘊藏的資源成爲人們賴
以維繫生活的憑藉，是以人際的互動與環境息息相關，隨著外
在環境的變動必將導致社會整體的變化。環境的改變來自於自
然因素與人爲因素，諸如災難、瘟疫、天候改變、資源殆盡及
其他改變，這些因素對於人類社會的形成與變化會產生影響，
但是社會學家經由長期的研究發現：環境的因素在整體社會的
變動中，至多只是一個因素或一個條件，社會變遷主要的是透
過人類行爲的變化所促成。因此環境因素可說是社會變遷的原
因之一，而非決定性的單一原因。

六、經濟因素

　　受到社會學家馬克思建立《資本論》的影響，若干社會學
研究者皆強調：經濟因素是導致社會變遷最關鍵的因素。由於

人們賴以生存的生產方式，以及物品的分配、利潤的分享等，皆對人們生活模式有重大的影響力，因而當這些因素變動時，社會亦將隨之有所變動。依據馬克思的觀點，人類社會基於物質的生產而成立，而個人在生產過程中須與他人結合，經由互助合作以提高生產力，因此經濟構成了社會的基礎結構。另一方面法律、政治及各種文化形態，則相應的形成爲社會的上層結構，當基礎結構變動，勢必影響到上層結構的改變，終至社會全盤的變化。

七、競爭因素

因社會資源不足所產生的競爭，爲促使社會變遷的一項因素。每一個社會對資源的供應和分配都有一定的規範，但是由於資源有限，人類的慾望卻無窮，在此情況下，社會資源總是供不應求，因此，社會裡會出現認爲自己所擁有的資源是相對稀少而感到憤憤不平者，於是轉而向現有的規範和制度挑戰，這種挑戰乃可能導致社會變遷，亦即競爭或會促使社會產生變遷。競爭是社會互動的基本方式，任何一種爲人類所需要的東西，若供不應求必引起競爭，由於競爭便產生社會互動、社會結構的改變。社會學家強調，競爭的種類依其目標分爲「經濟的競爭」、「政治的競爭」、「軍事的競爭」、「種族的競爭」、「宗教的競爭」、「文化的競爭」、「美術的競爭」、「體育的競爭」、「社交的競爭」、「配偶的競爭」等類別，凡資源越珍貴則競爭越激烈，社會變遷便越急遽。

八、迷亂因素

社會爲期有序運作，必然會給其成員訂立某種目標，讓人們去追求，可是社會所允許的方式卻不一定讓每一個人都能經由認可的手段以得到該目標。同時，由於社會階層的區隔，因此會使得有理想、但達成目標手段不足的成員，爲期待目標實踐時，往往會採取社會不能認同的手段，其結果將造成社會規範的衝擊，如果人數漸多，勢將導致社會變遷，亦即社會目標與達成方式兩者之間出現差距所呈現的迷亂（anomie）現象，是造成社會變遷的原因。

15.4 現代社會的特徵

現代社會是以工業發展爲標誌，經濟、政治、科技、文化、生活等皆呈現高度發展的社會。現代社會是從傳統社會演變過來的，它繼承了傳統社會集聚起來的物質和精神有價值的資源，摒棄了其保守、落後的形式和內容。與傳統社會相比，現代社會有如下主要特徵：

一、生產工業化

社會生產建立在發達的社會分工和勞作的基礎上，普遍運用科學技術，使用無生命能源，生產勞動力高度職業化並與非個人市場之間相互依賴，生產效率不斷提高。

二、生活都市化

　　追求經濟、政治、科技、人文的發展，人口流向城鎮，都市社會在總人口中所占的比例逐漸上升，鄉村人口日趨減少。這一方面滿足了社會經濟發展所需的勞動力，另一方面促進了社會流動，血緣關係削弱，職業關係增強。不同地域的社會成員相互交往、相互學習，使人際活動充滿生機和創造力，加速社會經濟的發展。

三、教育普及化

　　生產者和其他社會成員具有高度的文化知識、專業知識，整體社會的文化素質普遍提高，人們參加生產和參與社會活動的專業和能力提升許多。

四、技術科學化

　　科學技術的發明與發現超過了以往任何時期，特別是科學技術越來越快地轉化爲生產力，生產的科學化程度不斷提高。科學技術發展的影響已滲透到了人類生活的一切領域，包括社會結構、社會關係、社會制度、組織管理、日常生活、文化作爲、自然環境等，給整個社會的發展和人類生活帶來深遠的影響。

五、管理系統化

　　管理既強調明確的職權、分工、規章、制度、管理人專業化及決策的科學性，又強調組織成員契合發展需求，注意人際關係的調適和必要的活絡性，從而賦予必要的彈性，以有效的提高辦事效率。

六、交通全球化

　　電話、網路、廣播、報紙、電視、通訊衛星和陸上、水上和空中的交通運輸的迅速發展，使現代化生產和流通越來越趨向國際化。人與人之間、國與國之間的距離縮短了，交往越來越密切，完全打破了傳統社會那種閉關自守的狀況，大大促進了地區之間、國家之間、民族之間和人們之間的相互接觸與交流，推進了全球社會的進步。

七、觀念現代化

　　隨著現代社會的發展，人的價值觀念、行為模式、生活方式、文化素養等也相應地發生了變化，人們採取接受新的生活經驗、新的思想觀念、新的行為方式，不迷信傳統權威，積極改革進取，思想開闊，惜時守時，講求效率，處事有計畫性，有較高的科學文化和專業知識等等。

　　現代化成為多數國家發展所追求的目標，但現代化與社會文化息息相關，東方諸國於工業化和現代化的過程出現「後發

展社會理論」。該理論主要代表學者是日本東京大學社會學教授富永健一，他把人類社會的巨大變革過程，分為經濟上的工業化和政治文化上的現代化兩個方面。工業化是指人類由依賴體力從事勞動轉變為運用動力和機械從事勞動的過程，這是在社會中所發生的巨大變革。富永健一認為，工業化和現代化是密切聯繫、相互制約的關係，經濟上的工業化決定著政治文化上的現代化；反之，政治文化上的現代化為工業化提供了必要的社會條件。在富永健一看來，工業化和現代化顯示著人類社會發展的方向，是人類社會發展變遷的重要過程，而東方諸國等後發展社會國家所以不能較早地實現工業化和現代化，其原因首先在於這些國家沒有爆發過工業革命，沒有發生過科學革命；其次在於這些國家帝王專制統治和不平等克服得較晚；再次是由於缺乏實現工業化和現代化的國民積極性和主動性。正是由於後發展社會的工業化和現代化必須依賴先進國家的輸出和傳播，即依靠傳播發展，引進先進國家的工業化和現代化。與此相對應，後發展社會實現工業化和現代化的過程就是傳統部門被現代部門所代替的過程，富永健一認為，儘管後社會發展國家趕超先進國家具有諸多困難，但在這些後發展社會國家仍具有許多先進國家所不能及的優點，諸如廉價的勞動力、低工資、低成本、人口結構年輕化，減輕了社會和企業的負擔，家庭穩定、社會安定、國民意識具有較強的一致性、集體主義、愛國主義觀念較強等，是以仍能夠朝向現代化的方向發展。

15.5 社會變遷的對應

隨著新世紀即將來臨，國際間的動態競爭勢必越演越烈。無論先進國家或亞太地區國家，均致力於經濟環境的改善與人力素質的提升。正如1996年聯合國教科文組織 （UNESCO） 所強調的：未來人類要能適應社會發展，需要進行四項基本的學習——學會認知，學會做事，學會相處，學會發展。邁向開發國家的主要挑戰，在於是不是能夠提高人力素質，國家競爭的動力，來自於人力素質的不斷提高；而人力素質的持續提高，則有賴於教育機會充分而永續的提供。因此，在回應此種情景下，我們可以自一系列的社會改造中，展現這項「希望工程」是：

第一，以人為主軸，推動以全人為主體的教育，用以提升生活品質，並適應多元化生活的需求，亦即將「個人、生活、志業」做有效的統合，以發揮人的潛能。經濟生活富裕之後，人們必定尋求精神的充實與全人的發展，充實精神與發展全人的最佳途徑是學習。透過個人不斷的學習，可以持續獲得新知識，學習新技能，建立新觀念，激發新潛能，使全人得到圓滿的發展。經濟富裕過程的人文關懷，最基本的就是要提供國民均等的教育機會及全人發展的理想環境，來幫助每一個人開發其最大的潛能，實現其人生的理想。

第二，教育不應局限於短暫的時間，而應該考量個人志業發展的需要、社會環境的變遷，隨時提供必要的教育機會，實施「終身教育」的理念。建立學習社會，代替以學校教育為唯

一學習管道的教育體制，是未來社會必然發展趨勢，即建立起廣泛學習的社會成爲積極朝向全面性及前瞻性的發展方向。

第三，教育模式從閉鎖式轉向開放式，在現代社會、資訊社會、開放社會及開發社會來臨之後，世界上進步的國家紛紛邁向學習社會。建立學習社會是教育的願景，也是社會發展的理想，其目的在求個人自由而有尊嚴的成長，社會多元而有秩序的進步。學習社會不僅是社會發展的基石，同時也是引導個人成長的必要途徑。

檢視我們社會近年來的變遷快速而急遽，雖使社群豐富而多元，然而其中夾雜著如自由思想與放任作爲，強調以自我爲中心，傳統上的道德規範被揚棄，造成社會問題叢生，引發了有識之士對道德教育的提倡。此正如趨勢大師奈思比提出的警示：「二十一世紀令人最擔憂的是基因工程將改變物種生態演化，而這些發展是無法控制的；其次是電視和電子遊樂器暴力充斥，嚴重影響兒童的心理健康，導致校園暴力事件頻傳，深值世人重視。」（Naisbitt, 1992）道德教育包括體貼、尊重、容忍、寬恕、誠實、合作、負責、勇敢、和平、忠心、禮貌等，面對我們今日社會的現象，我們實不宜疏漏提供道德教育。社會問題已引起社會大衆的關心，除了須對國民的價值、思維有所建制外，同時，我們社會宜責無旁貸劍及履及地提供純淨善良的社會互動，以積極引導社會發展，則社會的未來方有可期。

未來人類社會變遷及進步的步伐，只會繼續加速。在變動快速的新世紀來臨之前，世界進步國家已經感受到某些挑戰必須加以回應：其一是資訊時代已經來臨；其二是國際化的趨勢已經形成；其三是科技知識持續暴增；其四是經濟富裕過程中

人文關懷亟待加強。這些衝擊使進步國家覺察到，國民的知識技能水準及自我修養能力，將成為個人潛能發展及自我實現的條件，也是社會繼續發展的關鍵因素，更是衡量國家競爭力的重要指標。

爰此，未來進步的社會必定是學習的社會，學習將成為國民生活內涵的重心。與此相對應的是，整個社會的教育願景，於範圍上強調「面向的擴展」，於時間上強調「時距的延長」，形成「時時有教育、處處是學校」的目標。而此種社會興革的信念，是以人為主體，進行延伸，擴展多元，破除「刻板、局限、單一」，以期培育「健康、自信、有教養、現代性、未來觀」的新國民，使「教育與個人發展」密切配合，使教育學習成為個人與社會發展的重要歷程，並為社會發展挹注新的生命力。

16. 現代社會與社會導進

　　我們的生活已受到未來的主宰，二十一世紀像一塊威利強大的磁鐵，向人們發出吸引力。而這樣的社會是人們情緒波動更大，社群變遷急遽加速，各項資訊充斥生活；因而我們需要重新審視自己，審視價值，審視制度，以瞻望未來。

奈思比

　　行政院主計處於2003年所公布〈中華民國台灣地區文化調查需求面綜合報告〉，結果顯示，國人對於理想生活形態，係以「良好的健康」居首；其次為「充裕的收入」，再次為「親情的生活」。由此可見，健康、財富和親情三者，是國人最重視的生活要素。其餘依序是「安全的居家生活」、「合適的工作環境」、「豐富的休閒生活」。至於，「智識豐富的生活」、「追求美感的生活」與「懷抱宗教的生活」則敬陪末座。整體說來，國人追求的理想生活狀態，多屬較為實用性、生活性，凡屬文化核心的美感價值、宗教價值的重要度皆不高，比較缺乏超越性、美感性的理想，由此所衍生的文化需求，當然也以實用性為主調。這些群體的價值觀除了反映社會的事實之外，也牽絆著現代化的追求與建構。而現代化與社會發展有何關連？其內涵包含哪些事項？社會學家又建制了哪些理論？均是本章將介紹的內容。

16.1 現代化定義

　　「現代化」（modernization）是一個大家耳熟能詳的名詞，也是多數社會所追求的目標。現代化的意義是指社會成員普遍存在著追求現代化或對現代性充滿著憧憬，為現代最典型的特徵，也是最普遍的現象。直至今日，大部分國家仍然對其本國的現代化投注相當的關心，特別是在現代化的過程中，對於傳統的保存與維護要達到何種程度的問題，經常引起人們的注意。現代社會排除了近代前的社會所具有的社會結構與價值，代之以新創造的結構與價值，此種潮流的不斷擴大，使一個傳

統社會往具有現代特徵的方向邁進。現代化基本的特徵，可以韋伯所指出的脫離非理性觀念的束縛，亦即理性精神的普及為代表。此意味著個人採取理性的行為，取代了非理性的行為模式，社會成員不再受習俗、慣例、因襲、人情等的拘束，亦不受感情所左右，為達到目的採取有效且適切的手段。此種理性的態度，須以獨立的個人為主體。個人不再因身分、居住地的不同，而有不同的差別待遇，並脫離團體規範的束縛，個人能自由活動，擔負自己的責任，使傳統的社區與社會關係解體，個人相互之間的社會關係，基於功能的需要而互動，因而使近代社會出現各種功能團體，個人各自選擇最適切的功能團體參與。再者這些團體的組織、運作採目的理性的方式，使得組織出現科層制，成員的考績由能力、表現取代年資，成員的評鑑方式也由個人主觀的任意認定改採依據正式規則。排除與生俱來的世襲特徵，以教育的普及為首，各種社會機會廣泛的擴大為大眾化與平等化，使得競爭與社會流動頻繁的進行。另外現代化社會，在政治方面採民主主義，在文化方面出現大眾文化，大眾傳播發達，特別是社會出現高度的都市化與工業化最具特色。

　　至於現代化意涵，社會學中有廣狹兩種定義，廣義而言，任何一個社會，只要在整體性社會結構、科技知識以及人際互動與個人態度，經由轉化過程而邁向理性現象時，我們就可以將它稱之為現代化；就狹義而言，則是傳統社會邁向西方現代科技與工業文明之現代社會的轉化過程。由現代化的定義可知，該現象是指社會普遍具有理性態度的意義，它涵蓋了下列兩大部分：第一，企圖對所有自然現象與社會現象，尋求一種理性解釋的可能性；第二，把自然界的一切事情，包括社會現

象在內，視爲具有一定的因果關係與某種律則或軌跡，而人類
得以運用理性去瞭解、控制或改變它。

16.2 現代化類型

　　對於現代化的類型問題，一般都覺得李維（Levy）教授的
分類法，最能爲大家所接受。他以現代化的動力淵源爲基準，
把現代化的類型區分爲兩大類：第一，內造型：現代化的動力
淵源來自該社會本身。即指現代化的動力，不但來自其社會本
身，而且在現代化的轉化過程中，偏向於主動性的創意與創
新，因而造成傳統與現代的明顯對比。此種現代化以歐美社會
爲代表。第二，外塑型：現代化的動力淵源來自外力的干擾或
衝擊的結果。即指現代化的推動力，乃是來自外來科技文明的
刺激，在其現代化的轉化過程中，偏向於被動性的應付與調
適。此類現代化是以第三世界爲代表。

　　現代化既然是指傳統社會轉化爲現代社會的一種過程，而
其涵蓋的主要部分有社會結構性的、社會互動性的，以及個人
觀念與行爲態度等層次。構成傳統農業社會的此種共同特徵或
特性，就叫作傳統性；同樣地，構成現代工業社會的此種共同
特徵或特性，則稱之爲現代性。這兩種差別可區分如**表 16-1**：

表16-1　傳統社會與現代社會比較表

類目	社　會　形　態	
	傳　統　社　會	現　代　社　會
個人意識	1.集體主義 2.感性主義 3.群體互惠 4.歸屬地位 5.宿命態度	1.個人主義 2.理性主義 3.個人功利 4.成就地位 5.科學態度
社會互動	1.機械連帶 2.權威主義 3.互助互動 4.流動緩慢 5.同質性高	1.有機連帶 2.平等主義 3.競爭互動 4.流動快速 5.異質性高
社會結構	1.農業性 2.靜態性 3.封閉性 4.同質性 5.神聖化	1.工業性 2.動態性 3.開放性 4.異質性 5.世俗化

　　任何能完成現代化的社會或國家，是否具有某些共同特徵？社會學研究人員不但認爲必然會有，而且進一步把這些共同特徵合稱爲現代性。因此，現代性此一概念，就成爲衡量或研判一個國家或社會是否已經體現了現代化的判準。這些標準可區分爲「知識」、「政治」、「經濟」、「社會」、「心理」等部分，其內涵可區劃爲：

　　1.知識方面：(1)事務探求的理性化。(2)知識追求的擴張化。(3)科技運用的世俗化。(4)知識享領的權威化。

　　2.政治方面：(1)政治運作民主化。(2)組織管理科層化。(3)公共事務參與化。(4)政治人物世俗化。(5)行政作爲法治化。

3.經濟方面：(1)生產操作機械化。(2)人才遴用專業化。(3)組織形態商業化。(4)生產技術科技化。

4.社會方面：(1)人口移向都市化。(2)家庭結構小型化。(3)社會流動快速化。(4)動員能力組織化。(5)社會發展公義化。

5.心理方面：(1)成就慾望增加。(2)樂於接受變遷。(3)容忍多元歧異。(4)控制環境能力增強。(5)依據貢獻決定報酬。

16.3 現代化社會

現代化的主要目的，是使所有的人都能夠獲得適當的生活水準。但是，一個國家及民族的進步，不能單用國民生產毛額及平均所得加以衡量。現代化包括政治成熟的觀念，也包括民眾教育的普及、文藝的萌芽、建築的繁興、大眾傳播的成長，及休閒生活的充實。事實上，現代化的最後目的是人類本性的改變，這種改變一方面是促成更進一步發展的「手段」；另一方面也是發展過程中所達到的「目的」。包括整個社會及文化背景中，工藝、經濟及生態方面的綜合變化，同時，發展中的國家在這幾方面的變遷，時間及速率都不相同。一個現代化的國家經歷多種制度的變化，無論從事如何審慎的社會變遷計畫，有些制度的變遷總是居於領先，有的則落後。

發展指標是衡量一個社會現代化的重要標的。回顧現代化理論的內容，它是企圖以「社會工程」的方式，在「落後」國家進行大規模改造計畫，社會的「進步」可以分別用客觀項目來測量，而經濟成長被視作是最根本的動力。一旦貧窮的惡性循環已被突破，整個社會將出現下列的轉化：技術方面，拋棄

簡單、傳統的技術，引用新的科學知識；農業方面，放棄自給自足的農耕，從各自務農為生到共事生產經濟作物；工業方面，不再用人力、獸力操作，邁向工業化，使用動力機器、僱請工人製造在市場出售的產品；生態方面，人們從農村湧到都會中心，交通、電力等基礎建設普及化。根據西方自己的經驗，這個轉化過程還會伴隨著宗教的世俗化、政治的民主化，以及社會結構的多元分化，使得現代人的人格特質不同於以往，西方學者曾開列「現代人」應具備之態度與價值的各種清單，如對創新持開放態度、有計畫的習慣、相信人定勝天、重視個人權益等等。他們製作了心理量表，到不同地區施測，目的在證明「發展的最後理想不外是求人性的改變」，此種改變既是社會現代化的先決條件，又是現代化的重要結果。換句話說，現代化理論強調傳統社會必須從內到外徹頭徹尾的改造，現代化與工業化必然會改變社會形態，成為與西方世界相像的模式，就算不同的社會可以選擇它們所走的路，但終點卻是一致的。基於這個理由，現代化理論提出了一系列的「發展指標」，用來評估第三世界和「現代」的差距，以及追求現代化該滿足的條件有：都市化程度、識字率和職業訓練、報紙流通、政治的民主（多黨體系和定期投票選舉）、自由企業、世俗化、社會流動程度、職業分化、商會、工會等自願結社的繁盛（與氏族、宗教的分支不同）、核心家庭模式、獨立的司法判決。究此，社會現代化係一種社會變遷多因素論，這是一種關於人類社會變遷和發展及其原因的社會學知識。西方社會學者認為，人類社會的變遷和發展，是由許多物質因素和思想因素所決定的，而其中無論哪一種因素都不具有決定性，然而，在揭示這些因素的相互作用和研究它們產生的原委時，這些社會學者卻

把現代化歸結為社會互動、家庭互動、團體互動、政治參與、
性格特質等現象。

一、社會互動

在工業化之前的社會，生產大都集中於血緣團體，自給自
足的農耕占最重要的地位，其他工業只是農耕的補充，並且附
屬於家族及鄉村，職業地位由大團體所決定，交易關係也由傳
統的家族及社區義務所決定，生產活動與社會關係與傳統的家
庭——社區背景混合而無顯著的分化。隨著現代化後，在農業
方面，金錢交易使生產與消費的單元不一定相同；生產方面，
僱用的是個人而不是家庭，改變了原有以家庭為生產單位；在
工業方面，手工藝及其他工業產品行銷市場，並不專供自家消
費。製造業及工廠制度興起之後，個人漸漸和其他勞動市場的
人接觸，並和自己的資金及家庭成員分開，現代化使生產活動
和家庭與社區分離。

這種變化的結果，使工人在生產的關係大為改變。於工作
上所得到現金的報酬，又在市場中運用於貨物及服務方面。他
的所得及福利日漸依賴薪水，而不依賴在親戚及鄰居之中的傳
統權利及義務，這樣，工人在現代化市場中遭遇適應的問題，
包括：

（一）新的計算基礎

就分配生產時間說，他不再根據自己的速率工作，他必須
適應日復一日的工作天及工作週的觀念，同時在職業中配合機
器的節奏，而不是配合身心和諧的韻律；就分配財富說，他必

須分配一月之內的收支。和傳統的計算方法比較，都市工業中的工人在觀點方面，需要相當的改變。

（二）經濟安全改變

在傳統農業及家庭製造業中，市場波動僅僅使個人不充分就業，而不使他失業。在這種情況下，他的工作較少，並轉向親戚、族人及鄰居求助。在「都市——工業」背景中，生產活動蕭條的時候，個人容易完全失業，即使個人的平均所得比以前高，在新環境中，他的所得及福利的波動都較過去為大。

（三）消費方式變動

都市市場提供了很多新東西，當減少舊式花費而追求新式滿足的時候，便容易有無所適從的感覺。當然，商人也有很多機會售賣不良貨物，欺騙沒有經驗的消費者。

（四）新適應的調適

儘管人們在都市環境中，對都市的需求與機會的看法，好壞都有，卻常向鄉村的親戚及鄰居描述一種完美的都市生活，如果鄉村環境不良，他們便不容易適應傳統的生活方式。這樣很容易增加都市及鄉村地區、年輕和年老一代之間的社會對立。

二、家庭互動

在現代化的過程中，由於家庭關係的改變、社會互動分離的結果，家庭喪失很多早期功能，成為更專門化的機構。家庭

不再是生產單位，家庭成員離家工作，家庭活動漸漸集中在情緒的滿足及社會化方面。家庭結構改變所產生的社會影響是很大的，最重要的是因家庭流動所造成的「個別化」及「小家庭孤立」的現象。家庭成員到勞動市場工作，旁系親屬的關係減少，居戶中共住的人沒有幾代，年輕人結婚之後就組織新家庭離開長輩，這樣產生的一項社會問題是老年人的社會孤獨現象。為了解決這種問題，新制度如養老金、社會安全等，成為不可或缺的制度。同時，親子之間的關係也發生變化，父親離開家庭就業，自然喪失對於兒女的經濟訓練功能，因此，專門化的工廠興起之後，家庭學徒制度消失。常常有人以為，經濟權威減少，使一般父權也隨著減少，在兒童發展的大部分期間，母親是兒童所能看到的唯一成人，所以她和兒女建立更親密的情緒關係。因為母親單獨負起形成兒女早期情緒生活的責任，所以她的社會化角色更形重要，不過，無論母子早期的關係怎樣好，它的時間總是短暫的，現代的社會所需要的工藝技能，並不是家庭所能培養的，因此，家庭將很多訓練的功能轉移給正式的教育制度。小家庭在兒童發展早期，就喪失了約束力；到了青春期，兒童不僅在教育方面，同時也在勞動市場方面和外界接觸而逐漸獨立。由於這種親子關係的改變所造成的一種結果，是「青春期的失調」現象，年輕人早已不受父母的約束，卻還沒有擔負起職業、婚姻及公民的職責，因此，他在幾年之間，社會角色不定。從心理學觀點說，這是年輕無所適從的時期，它促成了很多紛擾的徵候，如抗議、追求愛情和趨向時髦、疏離等等，甚且造成了青年的反抗及少年犯罪。

　　血緣關係改變的另一個結果是新家庭的形成。在許多傳統社會中，婚姻由長輩安排，結婚者本身的興趣及感情並不重

要，結婚的基礎並不是愛情，而是實用的安排，例如一大批嫁妝或一塊陪嫁土地。大家庭消失及親權改變之後，年輕人能自由選擇配偶，這種自由也同時產生了一種「眞空」狀態，換句話說，什麼標準代替原來的條件呢？在現代社會的不確定情況下，我們只能說愛情成爲選擇的標準。

三、團體互動

在傳統的社會中，血緣及族緣、部落和階級地位，和社會生存的基礎密切相關，正式組織如工會、社會俱樂部、志願性組合很少形成，大部分的社會生活及問題，都在具有多種功能的初級團體中表現及解決，一直到都市及工業社會逐漸形成之後，這種社區及社團生活的傳統基礎，仍然存在，例如，鄉村中有了工業化，或者建立許多家族工業的時候，許多社區及血緣的關係能在工業情況下，繼續維持。同時，遷移都市的人常常有所謂「姻兄弟」的併發症，他們投靠親戚族友，在找職業期間（甚至在謀職以後）和親友共同居住，社會生活也僅限於和親友交往。

在現代化環境中，傳統關係的存在，並不足以爲社會生活的基礎，一段時間之後，這些傳統關係必須由特別組織，如俱樂部、協會、互助團體、教會社團等，予以補充。這些組織雖然各有特殊目的，卻常常是具有多種功能的組織，慢慢地，這些組織的變易性消失，而具有經濟及政治目的的功能性組織取而代之。

四、政治參與

　　現代社會的人民積極參與政治，以尋求權益的保障與落實。人民積極參與政治的原因，是由於都市勞動力的增長。工業化產生雄厚的勞動力，工人自然需要組成工會，保護本身的利益，即使工會受政府的控制，這種發展仍然可能，因為提高工資和改善工作條件，是員工的共同期望。

　　現代化程度的不均勻，也是促進人民積極參與政治的重要因素。即使一個國家施行計畫經濟，某些地區、某些社會階級及種族團體的所得、教育及就業機會，仍較其他地區、階級和團體為優，雖然政府重視平等的發展機會，各地區、各階級及各種族的發展機會仍然不同，這種不同發展率，容易引起抗議。較繁榮的區域和階級，反對政府將經費用在較無企業性的社會區域；較落後的區域和階級則要求更多的補助，以促進發展速率。社會的矛盾情況也是一種因素，尤其在多種種族的社會中更是如此。如果政府宣稱，國家與民族合一，少數人團體必須接受多數人的語言及文化，種族團體一定組織起來抗議。如果政府要保存多種種族的社會，那麼，在政府代表、教育所用語言、稅收及投資等政策方面，也會有爭議。

　　政府活動的擴展，增加政治參與的機會。傳統社會的政府只管收稅、築堤、開河、建穀倉，只有少數受到影響的富有及特權階級，才會參與政治。等到政府從事福利活動、分配政策，及參與經濟之後，大多數受影響的人才會團結起來，維護其利益。

　　大眾傳播的發展，是使人們更加注意政治的另一個因素。

事實可以證明，教育的普及、交通的發達、都市中心及偏僻腹地的交流、傳媒及網路的普遍等，都增進個人對於公共政策影響力的瞭解。社會現代化之後，認為有權影響政府事務的人數隨著增多。

五、性格特質

殷格斯於1974年所著的《成為現代》（*Becoming Moderm*）一書，提及現代人的特質有下列十二項：

1.願意接受嶄新經驗：所強調的是一種心理特質的具備而非某種特殊技藝的擁有，一個原以犁耕田之人，願不斷接受新的方法，比起已擁有曳引機但停滯不前者，來得現代化，因為技術的擁有，可能是受社會原有技術水準之影響。

2.願意接受社會變遷：此指對社會組織變遷之接受程度，如多數人之政治參與、快速的社會流動與地理流動、婦女地位的提高等。現代人較易於承認社會的轉換，也比較不在乎別人以突破的方式去處理事務。

3.現代人對直接環境與間接環境所發生之事務，較易於形成意見，其意見領域亦較具彈性，較能察覺不同的意見與態度，不致認為人皆同心。

4.除意見的擁有外，現代人亦熱中於事實與資訊（information）的取得，以作為形成意見的基礎。

5.現代人在時間感上傾向於現代與未來，而非過去，同時較願以計畫方式完成事務，現代人也較守時。

6.現代人認為人能學著控制其環境，努力於目標之實現。

7.現代人於公於私都較具擬定長期計畫的傾向。

8.現代人具備一種可計算感（calculability） 和信任感（trust），認為世界是可以理性推算的，並較易於信任陌生人，接受具專業能力者的服務。

9.現代人重視專業技能（technical skill），較信賴專家們的意見。

10.現代人重視正式教育以及讀、寫、算等技巧的訓練，也較願其子女從事較現代的職業（與新的做事方法密切相關的職業）。

11.現代人承認並尊重他人的尊嚴。

12.現代人能瞭解生產過程，換句話說，即較能明瞭工業生產中的決策過程與理由。

16.4 現代化理論

檢視社會的發展脈絡正如同社會有機體論所言。社會有機體論（Social Organismic Theory）是把人類社會和國家比喻為生物有機體的一種學說，認為社會和國家如同自然界生物一樣，也是一個從簡單到複雜不斷發展進化的有機體。社會和國家與生物有機體在生長過程、結構進化和功能分化等方面有許多相似性。該觀點概括起來主要有以下幾個方面：(1)社會與社會集團是一種具有生命的有機體，是一種生活統一體，個人只有在社會內才能存在；(2)社會有機體的主要特性與生物有機體的結構和功能相同，社會各組成部分的機能是相互依存、相互影響的；(3)社會有機體的變動和發展受到跟生物體一樣法則的支配，牽一髮而動全身，它吸收環境的元素，具有新陳代謝的過

程。

　　社會現代化是一種特殊的社會變遷，它是指人們利用現代科學技術，全面改造自己生存的物質條件和精神條件的過程，是改變傳統社會爲現代社會的過程，是以經濟發展爲中心的，涉及到政治、法律和社會精神生活各方面的整體社會變遷。從最廣泛的意義上說，這場深刻的社會變革，開始於十七世紀中葉的英國，二次世界大戰後形成世界性潮流，其對人類社會的影響是巨大的。在整個人類歷史上，能夠與今天的社會現代化相提並論的社會變革，只有兩次，一次是人類的誕生，另一次則是文明的出現，而我們今天所經歷的，則是人類歷史上第三次巨大的社會變革。這場特殊形式的社會變革，具有內容的廣泛性、變化的迅速性、分布的全球性、發展的持續性等特徵，其內容主要包括以下方面：以工業化爲核心的經濟現代化、以民主和效率爲標誌的政治現代化、以舒適和便捷爲內涵的生活都市化、以科層制爲起點的組織管理現代化、普遍性社會關係的建立和社會結構的分化、文化藝術的優質化、生活方式的現代化。爰此，使得社會學中有若干專門的學說和理論描繪現代化社會。

一、社會進化論（Social Evolution）

　　用合乎規律的由低級到高級、由簡單到複雜發展的前進運作解釋社會變遷的一種社會學理論，最早由英國著名實證主義社會學家史賓塞於 1850 年在《社會靜態學》中提出。其主要代表人物除了史賓塞以外，還有孔德、摩根（Morgon）、泰勒和霍布斯等。十九世紀下半葉，英國自然科學家達爾文的《物種起

源》問世後,以物競天擇為中心的生物進化觀念在歐洲產生了廣泛而深刻的影響。一些思想家進一步把生物進化理論引入社會歷史和文化研究領域,導致了社會進化論的產生。早期社會進化論者認為,和生物進化一樣,社會的進化也是一個緩慢的、漸進的過程,是由簡單到複雜、由低級到高級的單線式發展,早期進化論可以分為生物進化論和自然進化論兩種。生物進化論認為,與生物有機體一樣,社會制度的發展也存在著某種有機規律,它決定著這些制度變化的漸進性和持續性。自然進化論認為社會是自然界的一部分,也受普遍規律的支配,如社會達爾文主義認為社會發展的決定因素是生存競爭和自然淘汰等。十九世紀末二十世紀初,早期進化論遭到各方面的批判,在社會學中的影響日漸減弱。1960至1970年代,隨著發展中國家的經濟和社會發展問題受到社會學界的普遍關注,出現了新進化論或稱現代社會進化論。現代社會進化論與早期社會進化論不同,它不再對社會發展階段進行猜測,而把重點放在研究不同社會發展的變化模式上。強調社會的發展不是直線的、漸進的過程,它可借助文化傳播以躍進至某個或某些發展階段,並且認為工業化導致了相同的制度和社會模式在全球範圍的發展。

二、後工業社會理論

1973年《後工業社會的來臨》(*The Coming of Post-Industrial Society*) 一書的出版,社會學家丹尼·貝爾 (D. Bell) 對後工業社會觀念有詳盡的論述,同時,也揭開了人們對於後工業社會變遷的關注。貝爾以為後工業社會的概念根本上是處理社會結

構變遷的問題，也就是經濟如何轉變、職業系統如何調整，以及處理「經驗主義」（empiricalism）和理論 （尤其是科學和技術方面） 之間的新關係。而後工業社會這個概念，至少涵蓋了下列五個重要「面向」（dimensions）：

1.經濟部分：從財貨生產的經濟轉變到服務業經濟。

2.職業分配：專業與技術層級的優越性受到普遍的重視。

3.軸心原則：理論性知識的開拓，是社會創新與政策構成的泉源。

4.未來取向：擁有對技術與技術評估的控制能力。

5.決策轉變：一個新智識技術（intellectual technology）的產生。

更進一步的，貝爾又找出論斷後工業社會出現的趨勢：第一，經濟發展的中心在勞務的提供而非財貨的生產；第二，基於知識和專家技術等科學人員為主的新階級出現；第三，私人股份有限公司臣屬於社會責任的標準下。

三、世界體系理論

該理論是由社會學家華勒斯坦 （Immanuel Wallerstein） 所提出。其主要觀點為：把歐洲資本主義的起源及鞏固，擺在世界尺度上所做的一種理論分析。透過資本的國際化運作，越來越多國家的經濟活動被納入全球資本主義的世界體系中。依各國在此體系中扮演角色的輕重，而有所謂核心國家 （core country） 、邊陲國家（periphery country）及半邊陲國家（semi-periphery country）的分野。核心國家和邊陲國家間的關係，所指涉者為一剩餘價值朝著核心方向做不平等的分配（交換），至

於半邊陲國家的特徵在於它有著近似核心與近似邊陲經濟活動的性格。由於世界經濟體系潛藏著三種基本的矛盾：經濟與政治間的矛盾、供給與需求間的矛盾及資本與勞力間的矛盾，是以社會將不停止的變遷。

四、後現代主義

「後現代」是一個世界性的文化思潮，使得當前許多文學、藝術，乃至社會思潮，也逐漸以「後現代」為名。究其實，後現代並不是現代的結束，而是現代的延續，甚至是其加深，並轉而對「現代性」（modernity）提出批判、質疑和否定。「後現代」雖與「後工業社會」、「資訊社會」有關，但仍有所不同。貝爾所提出的「後工業社會」（post-industrial society），是建立在對先進工業發展一些正面因素的概念上，他認為許多因素具有「後工業社會」的特質，例如：經濟方面，生產部門逐漸被服務部門所替代，尤其服務部門中的資訊服務業所占比例特別增大；知識方面，理論知識具有更大的重要性，因為人們根據理論知識創造技術，發展出嶄新的科技面貌；決策方面，則是按照知性科技來做決策，理論性和專業性的知識成為決策的核心，知識和資訊的工作者替代了生產性的工作者，成為後工業社會的主導力量。「後現代」的出現尤與資訊的快速發展有關，但仍不同於「資訊社會」的觀念。施拉姆（W. Schram）使用「資訊社會」（information society）一詞，指出現代社會由於電腦化、資訊網路的建立，資訊的傳遞越來越快、越來越大量，造成整個社會巨幅改變，資訊本身成為社會中的重大資源。「後工業社會」或「資訊社會」這類說法，較傾向於把現

代社會中已有的某些現象加以普遍化，用以表示即將到臨的社會圖像，至於「後現代主義」則代表了一種對現代否定、批判、質疑的力量。首先，它傾向於批判當道的思維，認為其所以會「當道」，是因為權力和建制的支持。其次，它質疑西方現代的「表象文化」，且更變本加厲，由「表象」轉成「擬象」。換言之，無論資訊科技、虛擬真實、傳播媒體、文學作品、電視節目等，都只是某種擬象，代表慾望本身的不斷跳躍，作品與真實之間的極大差距，使得「崇高」（sublime）成為後現代主要的美學價值。最後，後現代否定現代文化的「理性」成分，否定各種後設論述，不再談精神成長的過程、主體的意義、客觀知識等，也不再以「為藝術而藝術」，或「為人民而藝術」等後設論述來支持藝術活動，此外，還包含對工具理性及單一邏輯的否定。

五、全球化思維

所謂「全球化」（globalization），隱含著將全世界視作一個分析單位的想法，強調這中間的普同性大於差異性。我們在現代理論中已經可以發現它的思想雛形，即認為所有非西方社會在模仿西方的發展形態後，各個國家會趨向「聚合」，形成單一的「世界社會」。全球化的發展趨勢，無疑會對既有的體制產生衝擊，其中又以「國家」的形式、權限、自主性和權威的正當性這幾方面特別引起注意。現代的政治與經濟事務往往牽涉到整個世界體系，非國家單獨能夠解決，社會科學家因此提出「國家衰退論」的說法，認為國家的權限和自主性越益減少，在若干議題上，國家甚至只不過是執行國際組織決議的工具，其

本身的權威正當性也就受到了質疑。不過，國家的力量一時之間不可能完全消失，麥克魯（A. McGrew）歸納出：

1.國家在軍事上的壟斷，仍使它成為維持秩序與和平的主要角色。

2.除了安全之外，國家還提供了個人與社區認同的對象。全球化卻同時激起民族主義在某些地區的復興，表示這種「民族國家」的文化心理基礎相當根深柢固。

3.國際合作的增加，不一定削弱個別國家的自治能力，有時國家反會經由集體壓力來貫徹對內的控制（如匯率調節）。

4.國家間的互賴關係雖會增強，但彼此的抗爭並不亞於互賴情形，因此國家將不會因而萎縮。

16.5 現代化願景

當人們在迎接千禧年的來臨時，包括曾志朗、張忠謀等社會知名人士，共同發表了對台灣2020年的期許，揭示公平正義、安居樂業及永續發展的社會總體目標，盱衡現今社會該目標的實踐，便是福利國家的建構。社會福利的產生，是由於工業社會的生產形態和家庭關係的變化，使個人原本依賴家庭、親族所提供的生活保障，轉而為政府和社會機構所取代，運用制度化的規畫以滿足民眾生存的基本需求，成為多數國家發展的目標。尤其我國在邁向現代化過程，積極追求經濟發展，並以此經濟成長的成果，透過合理的福利服務體系以均需於全民，向為政府致力追求的目標。為能達成社會現代化的遠景，以規畫健全完整的社會安全體系，宜朝向下述方向努力：

　　第一，建立完善的「職工福利體系」，取代若干政府直接介入的福利服務。職工福利體系，是由工會所辦理的一種員工福利服務，這種福利服務體系不僅可避免因政府過度的介入，造成福利行政體制的龐雜，並且能避免企業家因考量須負擔高稅收，而降低投資意願，影響經濟發展。同時，職工福利體系的建立，也使得職工能與投資者建立起「企業共同體」的關係，裨益企業成長與個人福利需求。

　　第二，健全並擴張家庭、社區的功能，以降低對社會福利服務的依賴。就社會福利服務而言，許多功能都能由健全的家庭及完整的社區來達成，例如老人在宅服務、居家護理、社區托老所等措施，將可以減少政府興建老人安養中心的龐大負擔。

　　第三，提升志願性福利服務的地位，鼓勵民間志願團體舉辦社會福利事業。為了避免政府對福利服務的過度干預，造成福利服務行政費用龐雜、人員的充斥、財政的沉重包袱所形成的「外部不經濟」效果，政府應該妥為運用民間志願團體的力量，以有效的規畫，分擔政府在福利服務上所產生的負擔。

　　第四，有效結合民間力量，建立公、民營配合的福利服務體系。由西方的福利服務經驗顯示，過於完善的福利服務，易造成人們的安逸和怠惰的疑慮，然而若政府不願介入福利服務事業，則弱勢團體、各種待助者衍生的社會問題，亦屬於政府責無旁貸的職責。為取得其間的平衡，有效福利服務體系，應是政府提供滿足人們最低基本需求的福利服務，而在此之上的福利服務，則可以經由消費者在自由市場上向私人企業購買，亦即由政府結合民間力量的充分合作以完成完整服務網絡。甚至如引用 BOT 的措施，亦為可積極考量的社福模式。

　　我國近年來由於社會發展，導致國人更加重視生活素質的提升。爲了追求財富的公正分配，建立完整健全的社會體系，以期縮短所得之間的差距，使社會中現存的弱勢團體獲得正義力量的支持，人們期盼政府進一步建立完整的社會安全體系。然而，在此同時，源自先進國家推動社會福利政策，形成龐大的財政負擔，亦提醒我們對社會保障的實施必須有序漸進，否則極易產生對經濟發展的阻礙。在我們邁向現代化國家之際，若能有效掌握這些經驗，並考量我們社會的背景、結構、文化特質，將能爲我們邁向理想社會鋪陳出最適切的願景。

參考書目

一、中文部分

林顯宗（1986）。《社會學概論》。台北：五南出版社。

奈思比（1992）。《2000年大趨勢》。台北：天下文化出版社。

孫本文（1973）。《社會學原理》。台北：臺灣商務印書館。

葉至誠（1997）。《社會學》。台北：揚智文化。

詹火生（1986）。《社會學概論》。台北：三民書局。

詹火生（1987）。《社會政策要論》。台北：巨流出版社。

楊國樞、葉啓政（1993）。《台灣的社會問題》。台北：巨流出版社。

蔡文輝（1992）。《社會學》。台北：三民書局。

龍冠海（1985）。《社會學》。台北：三民書局。

謝高橋（1982）。《社會學》。台北：巨流出版社。

二、外文部分

Bell, Daniel (1973). *The Coming of Post-Industrial Society*. New York: Basic Books.

Cooley, Charles H. (1966). *Social Process*. Carbondale: Southern Illinois University Press.

Hall, Richard (1987). *Organizations: Structure and Process*(2nd ed.). Englewood Cliffs, N. J.: Prentice-Hall.

Landis, Judson R. (1974). *Sociology*. Belmont, California: Wadsworth.

Martindale, Don (1962). *Social Life and Cultural*. Princeton, N. J: D. Van Nastrand.

Scott, W. Richard. (1992). *Organizations: Rational, Natural, And Open Systems*. Englewood Cliffs, N. J. : Prentice-Hall.

Shepard, Jon (1990). *Sociology*. Minneapolis: West Publishers.

Smelser, Neil J. (1981). *Sociology*. Engelwood Cliffs, N. J. : Prentice-Hall.

Weber, Max (1958). *The Pretestant Ethic and the Spirit of Capitalism*. New York: Charler Scribner's Sons.

人文社會科學叢書 15

社會學是什麼

作　　者／葉至誠

出　版　者／揚智文化事業股份有限公司

發　行　人／葉忠賢

總　編　輯／閻富萍

執行編輯／范湘渝

登　記　證／局版北市業字第 1117 號

地　　址／台北縣深坑鄉北深路三段 260 號 8 樓

電　　話／(02)8662-6826

傳　　真／(02)2664-7633

網　　址／http://www.ycrc.com.tw

E-mail ／ service@ycrc.com.tw

印　　刷／鼎易印刷事業股份有限公司

I S B N ／957-818-718-1

初版二刷／2008 年 10 月

定　　價／新台幣 350 元

國家圖書館出版品預行編目資料

社會學是什麼／葉至誠著. -- 初版. --臺北
　市：揚智文化，2005〔民94〕
　　　面： 公分
　　　參考書目：面
　　　ISBN 957-818-718-1（平裝）

　　1.社會學

540　　　　　　　　　　　　　　　94002326

Note
What Is Sociology?

Note
What Is Sociology?